現場で役立つ！

ケアマネ業務ハンドブック

第3版

中島圭一 編著

ナツメ社

はじめに

　昨今、ケアマネジャー不足が叫ばれています。皆さんのお住まいの地域はどうでしょうか。ケアマネジャーのなり手が減ってきているのにはさまざまな原因があると思います。主たる原因は報酬だとは思いますが、それ以外にも、ここまで制度が複雑化してケアマネジャーの仕事が多岐にわたってくると、ケアマネジャーの職に就くことを躊躇する気持ちもわかります。サービス担当者会議は一人で進行しなければなりません。日々、サービス事業所などからの問い合わせに迅速かつ適切に対応しなければなりません。ケアマネジャーが複数在籍している事業所なら相談もできるかもしれませんが、それでもケアマネジャーは、日々相当なプレッシャーのなかで仕事をしていると思います。

　では、なぜこの仕事を続けるのか。

　その答えは皆さんがそれぞれ見つけていかれることと思います。サービス担当者会議が思いのほかうまくいったとき、信頼できるサービス事業所と仕事ができたとき、そして、利用者や家族からあなたがケアマネジャーとして担当してくれて本当によかったと感謝されたとき、私はこの仕事を続けてきてよかったと思います。

　介護保険制度全般に精通していることは、もちろん大切なことです。これだけは知っておかなければいけないルールはたしかにあります。でも一方で、はじめからそこまで知らなくてもなんとかなるということもあります。本書ではこれだけは最低限、ケアマネジャーが押さえておいたほうがよいと思うことを網羅しました。ここを入口として、学びを深めていってください。

　初版発行から7年、多くの皆さんにこの本を愛用していただき、介護保険制度改正に合わせて第3版を発行できることになりました。この間にさまざまな出来事や技術革新が起こり、それらは介護保険制度改正にも反映されています。しかし、どんな時代を迎えてもケアマネジャーの仕事の本質は変わりません。

　皆さんがそれぞれに思い描くケアマネジャーを目指して邁進できるよう、この本が少しでも皆さんの力（ガイド）になれば幸いです。私も引き続き一緒にがんばっていきます。

2024年11月　　　　　　　　　　　　　　　　　　　　中島圭一

2024年の介護保険制度改正で ここが変わった！

　2024年4月の介護保険制度改正のうち、ケアマネジャーとして特に押さえておきたいポイントを取り上げて紹介します。ちなみに、介護保険制度は3年ごとに改正されます。次回の改正は2027年です。

算定に関する項目

◆ ケアマネジャー1人当たりの取扱件数の逓減制適用が50件以上に

※ケアプランデータ連携システムの利用および事務職員の配置を行っている場合に限られる。

※介護予防支援の取り扱い件数は3分の1換算

◆ 入院時情報連携加算の見直し

入院当日中または入院後3日以内に情報提供した場合に変更。その際、事業所の休業日などに配慮した要件とする。

◆ ターミナルケアマネジメント加算の見直し

末期の悪性腫瘍に限定せず、終末期の医療やケア方針に関する利用者または家族の意向を把握した上で、死亡日および死亡日前14日以内に2日以上、在宅を訪問した場合に変更。

※特定事業所医療介護連携加算の見直し…年間でターミナルケアマネジメント加算を15回以上算定が要件に変更。

◆ 業務継続計画未策定減算

感染症や災害の発生時にサービスの提供を継続的に実施するための、および非常時の体制で早期の業務再開を図るための業務継続計画（BCP）が未策定の場合、所定単位数の1%を減算する。

◆ 高齢者虐待防止措置未実施減算

虐待の発生またはその再発を防ぐため、①対策を検討する委員会の開催と従事者に周知徹底 ②指針の整備 ③研修の実施 ④担当者を定める。以上の措置が講じられていない場合、所定単位数の1%を減算する。

ケアプランに関する項目

◆ **テレビ電話などを活用したモニタリングの実施**

　● 利用者の同意を得ている。

　● サービス担当者会議などで以下の関係者間の合意を得られていること。

　　① 利用者の状態が安定している。

　　② テレビ電話などを介して意思疎通ができる（家族のサポート可）。

　　③ テレビ電話などを活用したモニタリングで収集できない情報は、他のサービス事業所との連携により情報を収集する。

　　※ ただし、**少なくとも2か月に1回（介護予防支援は6か月に1回）は居宅を訪問すること。**

◆ **医療サービスをケアプランに位置づける際の主治医等の明確化**

　訪問リハビリテーションおよび通所リハビリテーションについては、退院後のリハビリテーションの早期開始を推進する観点から、主治医等に入院中の医療機関の医師を含むことを明確化する。

◆ **公平中立性の確保のための取り組みの見直し**

　前6か月間に作成したケアプランにおける、訪問介護、通所介護、地域密着型通所介護、福祉用具貸与の各サービスの利用割合と、各サービスごとの同一事業者によって提供された割合を利用者に説明し、理解を得ることを**努力義務**とする。

その他の項目

◆ **居宅介護支援事業者が市町村から指定を受けて介護予防支援を実施できるようになる。**

　※介護予防ケアマネジメントは地域包括支援センターからの委託によって行う。

参考

● 介護保険改正後は、事務連絡として介護保険最新情報「介護報酬改定に関するQ＆A」が数回にわたり公表されるので、詳細な取り扱いについて確認していく必要があります。

　ケアマネジャーの業務を覚えていく際に、このような順番で習得していくとよいと思われる一例を示しました。参考にしてみてください。

1 訪問介護については詳しい内容まで理解する

　訪問介護は利用者や家族から相談が非常に多い、利用頻度の高いサービスです。加えて、サービス内容や時間、算定、細かいルールなどが数多くあり、一定の条件を満たさずに訪問介護が利用できないこともあります。ですから、利用者宅を訪問して相談を受けた際に正しく答えられるように、訪問介護については詳しい内容まで理解しておきましょう。

2 訪問介護以外の介護サービスはサービスの特徴について理解する

　訪問介護以外の介護サービスは、訪問介護ほどルールが複雑ではありません。サービスごとの特徴、たとえば、デイサービスとデイケアではどのような中身や料金の違いがあるか、訪問看護を利用すると生活がどのように改善するかなど、利用者にきちんと説明できるようにしておきましょう。

3 ケアマネジメント業務における必須な項目について理解する

　ケアマネジメント業務にはモニタリング訪問を1か月に1回は行わなければならないなど法令で決められている必須の項目があります。基本的なことですが、ケアプランの書式の日付は正しく表記すること、モニタリング訪問の記録を漏らさないことなど、正確な業務を心がけましょう。

4 関係機関、介護保険以外の制度について理解する

　関係機関では、まずは利用者からの相談が多い病院についての情報を把握しておくとよいでしょう。医師や看護師、MSWなどとのコミュニケーション能力、交渉術も高めておく必要があります。介護保険以外の制度では、生活保護受給者を担当することがあるので、生活保護の制度から理解していくようにするとよいでしょう。

5 施設や地域資源、市町村独自の高齢者サービスについて理解する

近隣のデイサービスや特養ホームなどを積極的に見学するなどして情報収集しましょう。また、訪問介護の代替えとして提案することのある地域の有償ボランティアも把握しておくとよいでしょう。市町村独自の高齢者サービスでは配食サービスやおむつ支給など、特に利用頻度の高いサービスから理解しておきましょう。

6 地域包括支援センター、行政のしくみについて理解する

地域包括支援センターは要支援の利用者を担当する際や、困難ケースなどで関わります。また、地域包括支援センターが行う研修や地域住民との交流などを通じて地域のネットワークも広がります。行政は手続きの窓口としてだけでなく、制度についての問い合わせや虐待通報を行う際などにも関わりますので、しくみを理解しておくとよいでしょう。

7 介護保険法について理解する

はじめは詳しく調べたいキーワードをネットなどで検索する程度でもよいと思います。大切なことはわからないことはきちんと法令を調べること、けっしてどこからか聞こえてくるローカルルールを鵜呑みにしないことです。きちんと調べる癖をつけておくと介護保険制度改正の際にも慌てることはありません。

参考 ケアマネジャーの業務を行う上で、最低限知っておくとよい法令

- 指定居宅介護支援等の事業の人員及び運営に関する基準（厚生省令 38 号）

- 指定居宅介護支援等の事業の人員及び運営に関する基準について
（厚生省課長通知 老企 22 号）

- 指定居宅介護支援に要する費用の額の算定に関する基準（厚生省告示 20 号）

- 指定居宅サービスに要する費用の額の算定に関する基準（訪問通所サービス、居宅療養管理指導及び福祉用具貸与に係る部分）及び指定居宅介護支援に要する費用の額の算定に関する基準の制定に伴う実施上の留意事項について（厚生省課長通知 老企 36 号）

本書の 特長と 使い方

本書はケアマネジャーが業務を遂行していくうえで、必要な知識・情報をまとめたものです。カタログのように、項目が並んでいますから、必要なときに必要な部分を簡単に探すことができます。

1章 ケアマネジャーと介護保険

前半は、これから介護保険を利用する利用者・家族に説明をするときにも使える構成になっており、介護保険制度の基本がわかります。後半部分は、「その人らしい」ケアプランをたてるためのノウハウ集。インテーク・アセスメント、ケース別のモデルプラン、総合事業のしくみ・利用の流れをコンパクトにまとめました。

2章 家での暮らしを支えるケアサービス

介護サービスを、訪問・通う・泊まるに分けて費用（単位）とともに紹介しています。特に、在宅を支えるうえで忘れてはならない「福祉用具」については、利用者の状況に合わせて用具ごとに紹介しています。さらに、介護保険と医療保険の併用・禁忌など複雑な算定ルールもポイントをしぼって紹介しています。

3章 他職種とのコミュニケーション

利用者が生きいきした生活を送るためには、関わる専門職の連携が欠かせません。連携の要になるのがケアマネジャーです。良好なコミュニケーションをとっていくためのポイントを、対職種ごとに紹介しました。業務を遂行していて遭遇するトラブル・クレームへの対応と合わせて活用してください。

4章 施設入居の相談対応

在宅で暮らすことが難しくなってくると、施設入居について利用者・家族から相談を受けることもあるでしょう。相談に真摯に応えるために、相談を受けた場合の基本的な対応とともに、利用できる介護保険の施設を紹介しています。肝心の費用についてもできるだけ詳細に掲載しました。

5章 社会保障制度をプランに活かす

ケアマネジャーにとって必要な情報でありながら案外苦手なのが、社会保障制度ではないでしょうか。しかし、これらの制度を知っているのと知らないのとでは、利用者・家族への基本的なアプローチが違ってきます。利用者・家族にとって益になるプランのためにもこの章を大いに活用してください。

6章 高齢者に多い病気と薬の理解

ケアマネジャーが出会うのは、たいてい病気・障害をもった人たちです。ケアマネジャーが直接治療にあたることはありませんが、他職種とのカンファレンスなどでスムーズに話ができるぐらいの知識はもっておきたいものです。利用者・家族から質問を受けることの多い薬名と効能を一覧表にしました。

お役立ち資料集 ケアプランをたてるうえで役立つ資料をまとめて掲載しています。

付 録 他職種とのコミュニケーション時にも大いに役立つ「介護・医療用語集」と「昭和の出来事・流行語・流行歌一覧」。利用者・家族との話題づくりにも役立ちます。

●1〜6章

テーマを分類する
ことで体系化

知りたいことがすぐわかる
親切な項目立て

サービス内容、費用がコンパクトにまと
められているので、利用者・家族に説明す
るときの資料としても活躍します

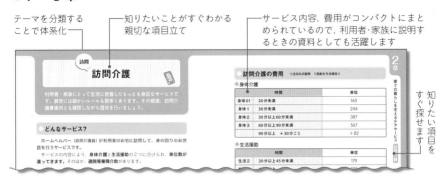

知りたい項目を
すぐ探せます！

●お役立ち資料集

図表を多用して制度などが一目でわかるよう工夫されています

ケアマネジメントするうえで役立つ資料を巻末にまとめました

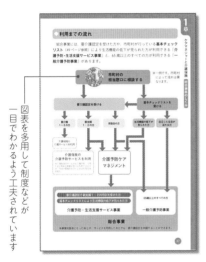

●付録

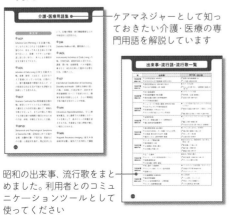

ケアマネジャーとして知っ
ておきたい介護・医療の専
門用語を解説しています

昭和の出来事、流行歌をまと
めました。利用者とのコミュ
ニケーションツールとして
使ってください

先輩ケアマネジャーからの
即役立つアドバイスが満載！

利用者・家族、ケアマ
ネジャーからよく出る
質問をまとめました

1章　ケアマネジャーと介護保険

2章　家での暮らしを支えるケアサービス

3章 他職種とのコミュニケーション

基本

ケアプラン

連携

トラブル

4章 施設入居の相談対応

相談

施設の類型

5章 社会保障制度をプランに活かす

社会保障

総合支援法

6章 高齢者に多い病気と薬の理解

基本

検査

※本書は、主に2024年4月時点における介護保険関連法規・2024年6月時点における介護報酬に拠っています。
その後の変更については、保険者等に確認してください。

ケアマネジャーと
介護保険

介護サービス利用までの流れ

介護保険を利用するためには、申請して「介護や支援が必要である」と認定されることが必要です。申請からサービス利用までの大まかな流れを見てみましょう。

| 1 申請する | ▶ | 2 要介護認定を受ける | ▶ | 3 認定結果が通知される | ▶ | 4 ケアプラン作成 | ▶ | 5 介護サービスを利用する | ▶ | 6 更新する |

介護保険とは？

　介護保険制度は、急速に進む少子高齢化や家族制度の変化に呼応するために 2000 年 4 月からスタートした介護を受けるための保険です。運営は、市町村（保険者）で、私たちは 40 歳になると、自動的に「被保険者」として加入します。

　65 歳以上の方は、市町村が実施する要介護認定で介護が必要と認定されると、いつでもサービスを受けることができます。また、40 歳から 64 歳までの方は、介護保険の対象となる特定疾病（81 ページ参照）により介護が必要と認定された場合にサービスを受けることができます。

介護サービスを利用する

1 申請する

・申請はサービスの利用を希望する**本人**のほか、**家族**にもできます。

・窓口は、**市町村の介護保険課**です。以下のところでも申請代行の依頼ができます。

居宅介護支援事業者　　地域包括支援センター　　介護保険施設

　　申請に必要なもの

☑ **申請書**
　（市町村の介護保険課に置いてあります）

☑ **介護保険被保険者証**
　（40〜64歳の方は医療保険証）

② 要介護認定を受ける

認定調査

市町村等の調査員が自宅や施設などを訪問して、心身の状態や日中の生活、家族等について聴き取り調査**（約1時間・74項目）**を行います（198ページ参照）。

主治医意見書の作成

市町村の依頼で、主治医が意見書を作成します。主治医がいない場合は、市町村が紹介する指定医の診断を受けます。

※主治医とは、かかりつけ医のことです。複数の医師にかかっている場合は介護が必要な状態になった直接の原因である病気を一番よく知っている医師を指します。
※意見書作成料について申請者の自己負担はありません。

一次判定

訪問調査の結果および主治医意見書の一部の項目はコンピューターに入力され、全国一律の判定方法で要介護度の判定が行われます。

二次判定

一次判定の結果と主治医意見書などをもとに、**介護認定審査会**（保健・医療・福祉の専門家で構成）による要介護度の判定が行われます。

ワンポイントアドバイス

認定調査立ち会いは有効な手段

　緊張してしまう利用者・家族などには、ケアマネジャーが立ち会って安心してもらってもよいでしょう。ケアマネジャー自身も立ち会うことで情報収集の機会になります。ただし、立ち会ったことで、認定結果に対する不服がケアマネジャーに向けられることもあるので、慎重に判断してください。

③ 認定結果が通知される

介護保険被保険者証は、申請から原則**30日**以内に届きます。

認定は、**要支援1・2・要介護1〜5までの7段階、および非該当（自立）**に分かれています。認定結果通知書には、要介護度状態区分・その理由・認定の有効期間などが記載されています。要介護度状態に応じて、利用できるサービスや**支給限度額**が異なります。

※認定結果が納得できないときは、通知後3か月以内に、都道府県の「介護保険審査会」に不服申し立てをすることができます。審査結果が通知されるまでの間は、認定された要介護状態区分でサービスを利用します。

◆ 1か月の在宅サービスの支給限度額

要介護状態区分	居宅サービス等の 支給限度（単位）	支給限度額
要支援1	5,032	50,320円
要支援2	10,531	105,310円
要介護1	16,765	167,650円
要介護2	19,705	197,050円
要介護3	27,048	270,480円
要介護4	30,938	309,380円
要介護5	36,217	362,170円

※上記の支給限度額は標準地域のものです。地域差は勘案していません。地域差については、206ページの「地域別・介護サービス別換算率」を参照してください。

ワンポイントアドバイス

認定結果前のサービス開始は慎重に

認定結果が出る前に暫定ケアプランを作成し、サービスを開始することは可能です。ただし、支給限度額を超えたり、非該当と認定されるなどのリスクがあることをあらかじめ利用者・家族に説明して、トラブルにならないように注意しましょう。

4 ケアプランをつくる

● **要介護1～5と認定された人**

　居宅介護支援事業者へ連絡します。担当のケアマネジャーと一緒にケアプラン（居宅サービス計画書）を作成します。ケアプランの作成は**無料**です。

● **要支援1・2と認定された人**

　地域包括支援センターに連絡します。ケアプラン（介護予防サービス・支援計画書）を作成します。ケアプランの作成は**無料**です。

※総合事業については46ページを参照。

よくある質問

ケアプランって何ですか？

Ⓐ どのような介護サービスをいつ、どれだけ利用するかを決める計画のことです。介護や支援の必要性に応じて、まずケアプランを作成、ケアプランに基づいてサービス事業者と契約を結ぶことで、サービス利用が始まります。

よくある質問

地域包括支援センターって何ですか？

Ⓐ 市町村が設置する機関で、主任ケアマネジャー・社会福祉士・保健師が配置されています。地域に暮らす高齢者の身近な相談窓口として、介護予防に関するケアマネジメントなど、さまざまな側面から支援を行います。

コラム 自分でケアプランをつくることができます

　一般的にケアプランはケアマネジャーが作成しますが、本人・家族がつくることも可能です。自己作成のメリットは、より自分らしいケアプランをたてることができることでしょう。デメリットは、利用者・家族の情報収集力には限りがあり、内容が近視眼的になる可能性が高いことです。デメリットを軽減するのに役立つのが担当のケアマネジャーや地域包括支援センターです。より自分らしい暮らしを実現するための支援をしていくこともケアマネジャーの大切な役割です。

5 介護サービスを利用する

利用者がサービス事業者に支払う費用は原則として1割（一定以上の所得がある第1号被保険者は2割もしくは3割）です。毎年発行される**介護保険負担割合証**（8月～翌年7月末）で確認できます。

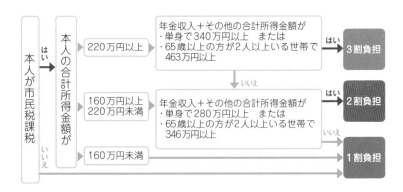

6 更新する

引き続き、介護サービスを利用したい場合は、有効期限満了日の**60日前**から満了日までの間に、更新手続きを行います。申請をすると、あらためて調査、審査、認定が行われます。

◆**認定の申請日**

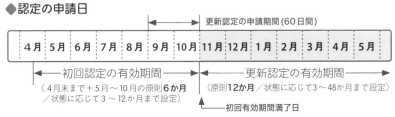

※心身の状態に大きな変化が生じたときは、有効期間の途中でも、区分変更申請をすることができます。

 区分変更申請の場合も、もちろん結果が出た日ではなく、**申請日から**が有効期間です。**暫定ケアプランの作成**を忘れずに行います。

◆ 高額介護サービス費

限度額を超えた分は「**高額介護サービス費**」として支給されます。

◆ 自己負担額（月額）

区分		限度額
年収約1,160万円以上の方		140,100円（世帯）
年収約770万円以上1,160万円未満の方		93,000円（世帯）
年収約383万円以上770万円未満の方		44,400円（世帯）
上記以外の住民税課税世帯の方		44,400円（世帯）
世帯全員が住民税非課税		24,600円（世帯）
	・老齢福祉年金受給者の方	24,600円（世帯）
	・合計所得金額＋課税年金収入額が80万円以下の方など	15,000円（個人）
生活保護受給者の方など		15,000円（個人）

※居住費（滞在費）・食費・日常生活費、福祉用具購入費・住宅改修の自己負担分などは含まれません。

◆ 高額医療・高額介護合算制度

1年間の医療、介護費を合算して限度額を超えた分は医療保険から「高額介護合算療養費」、介護保険から「**高額医療合算介護サービス費**」として支給されます。

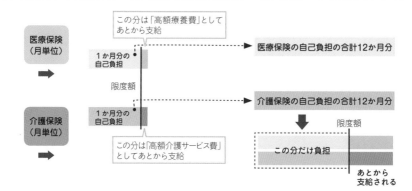

◆ 70歳未満の方

区分		限度額
基準総所得額	901万円超	212万円
	600万円超〜901万円以下	141万円
	210万円超〜600万円以下	67万円
	210万円以下	60万円
住民税非課税世帯		34万円

◆ 70歳以上の方・後期高齢者医療制度の対象者

区分		限度額
課税所得	690万円以上	212万円
	380万円以上690万円未満	141万円
	145万円以上380万円未満	67万円
一般（住民税課税世帯の方）		56万円
低所得者（住民税非課税世帯の方）		31万円
	世帯全員が年金収入80万円以下で、その他の所得がない方	19万円

※高額療養費、高額介護サービス費、入院時・入所時の食費、居住費（滞在費）、差額ベッド代、福祉用具購入費・住宅改修費の自己負担分などについては計算対象に含まれません。

◆ 介護保険で利用できるサービス

◆自宅に住みながら利用する

	内容	要介護1～5の方	要支援1～2の方
訪問を受けて利用する	ホームヘルパーによる訪問	**訪問介護**（→P.52）	訪問型サービス（総合事業）（→P.48）
	看護師などの訪問	**訪問看護**（→P.54）	**介護予防訪問看護**（→P.54）
	入浴チームの訪問	**訪問入浴介護**（→P.55）	**介護予防訪問入浴介護**（→P.55）
	リハビリ職の訪問	**訪問リハビリテーション**（→P.56）	**介護予防訪問リハビリテーション**（→P.56）
	医師などによる指導	**居宅療養管理指導**（→P.57）	**介護予防居宅療養管理指導**（→P.57）
施設などに出かけて利用する	デイサービス	**通所介護**（→P.60）地域密着型通所介護（利用定員18人以下）	通所型サービス（総合事業）（→P.48）
	デイケア	**通所リハビリテーション**（→P.61）	**介護予防通所リハビリテーション**（→P.61）
	認知症高齢者のデイサービス	認知症対応型通所介護（→P.62）	介護予防認知症対応型通所介護（→P.62）
	ショートステイ	**短期入所生活介護 短期入所療養介護**（→P.65、66）	**介護予防短期入所生活介護・介護予防短期入所療養介護**（→P.65、66）
日常生活の自立を助ける	車いす、特殊寝台などのレンタル	**福祉用具貸与**（→P.68）	**介護予防福祉用具貸与**（→P.68）
	ポータブルトイレなどの購入	**特定福祉用具購入**（→P.68）	**特定介護予防福祉用具購入**（→P.68）
	手すりの取り付けや段差解消など	**住宅改修費支給**（→P.74）	**介護予防住宅改修費支給**（→P.74）
その他	パッケージされたサービス	定期巡回・随時対応型訪問介護看護（→P.58）	－
		夜間対応型訪問介護（→P.59）	－
		小規模多機能型居宅介護（→P.63）	介護予防小規模多機能型居宅介護（→P.63）
		看護小規模多機能型居宅介護（→P.64）	

◆施設に居住して利用する

内容		要介護1〜5の方	要支援1〜2の方
介護保険施設を 利用する		**介護老人福祉施設** （原則要介護3以上） （→P.118）	—
		介護老人保健施設 （→P.119）	—
		介護医療院 （→P.120）	—
その他の施設を 利用する	小規模 特別養護老人ホーム	地域密着型介護老人福祉施設 入所者生活介護 （入居定員29人以下） （→P.118）	—
	グループホーム	認知症対応型共同生活介護 （→P.121）	介護予防認知症対応型 共同生活介護 （要支援2のみ） （→P.121）
	有料老人ホーム （→P.122）	**特定施設入居者生活介護** 地域密着型特定施設 入居者生活介護 （入居定員29人以下）	介護予防特定施設入居者 生活介護
	サービス付き 高齢者住宅 （→P.123）		
	ケアハウス（→P.124）		
	養護老人ホーム		

※緑文字は地域密着型サービスです。

◆地域密着型サービスとは

　住み慣れた地域で、多様かつ柔軟なサービスを受けながら生活を継続できるように設けられたサービスの枠組みです。サービスは事業所や施設がある市町村の住民の利用が基本となります。

◆共生型サービスとは

　介護保険の事業所で障害福祉のサービスが利用できます。また、障害福祉の事業所で介護保険のサービスが利用できます。対象サービスは訪問介護、デイサービス、ショートステイです。

　これにより65歳以上の利用者が、引き続き同じ障害福祉の事業所でサービスを受けられるようになりました。

初回訪問から
ケアプラン原案作成まで

ケアマネジャーと利用者・家族の関わりが始まる第一歩です。利用者・家族の「生活」を知る責任と意味を理解し、よりよい関係を築いていけるよう、細心の準備をして臨みましょう。

1 初回訪問	▶	2 インテーク アセスメント 契約	▶	3 ケアプラン 原案作成

◆ アポイントのとり方

　電話は声だけのコミュニケーションですので、相手の表情を見ることができません。それだけに、話し方、かける時間帯など細かな配慮が必要です。はじめて電話をかけるときには、こちらの**身分**（○○さんのケアプランを担当することになりました□□ですなど）とともに、**電話の目的**をはっきり伝えます。あらかじめ、頭の中でシミュレーションしておきましょう。

　さらに、生活スタイルや就労時間に配慮して、**電話をしてもよい時間帯・曜日・相手**を聞いておくとよいでしょう。

☎「○○さんのお宅でしょうか。ケアマネジャーの□□です。介護保険のことでお話ししたいのですが、いまお時間、よろしいでしょうか」

☎「おうかがいする日を決めさせていただきたいのですが、ご都合はいかがでしょうか？　ゆっくりお話しできる日がいいかと思います」

☎「では、○月○日、○曜日の午後○○時はいかがでしょうか」

◆ 清潔感に配慮した服装を心がける

　第一印象は大切です。この人なら信用して相談できると思ってもらいましょう。堅苦しくなく、くだけすぎない清潔感のある服装がよいでしょう。また、匂いに敏感な方もいますので、エチケットにも気をつけましょう。

女性

● 髪型
長い髪は
まとめておく

● アクセサリー
アクセサリーは
控えめに

● バッグ
ファスナーの付い
たバッグ

● くつ下
落ち着いた色のス
トッキング、もし
くはタイツ

● メイク
ナチュラルメイク
をこころがける
香水はつけない

● 身だしなみ
袖口や襟が汚れて
いないことを確認

● スカート
スカート丈は椅子
に座ったときに膝
が隠れるぐらい

● 靴
すぐ脱げる靴
サンダル、ヒール
の高い靴、脱ぐの
に時間がかかる
ブーツは避ける

男性

● 整容
ひげは毎日剃る
ひげを生やすとき
はきちんと手入れ
を

● ズボン
ジーンズはふさわ
しくありません

● くつ下
くつ下もチェック！
穴はあいてません
か？

服装やマナーは、時代や世代で変わっていくものですが、まずは利用者の世代に受け入れてもらえる服装を心がけるとよいでしょう。

◆ 訪問時のポイント

- ● ご自宅にうかがうのですから、マナーをきちんと守りましょう。時間厳守はもちろんのこと、入室時の作法も心得ておきましょう。
  - 🔻例 脱いだ靴はきちんとそろえる、和室での作法など
- ● 相談を受けた際すぐに対応ができるように、必要な資料や備品はいつも持参しておきましょう。
  - 🔻例 介護保険のパンフレットや事業所一覧、住宅改修の相談で重宝するメジャーなど

個人情報保護の観点からも書類の取り扱いには細心の注意を払い、紛失事故がないよう心がけましょう。

インテークとアセスメント

ケアマネジャーという立場と役割を理解してもらいつつ、利用者が望んでいる生活は何か、ケアプランの作成にあたって必要な情報を収集して、課題を見つけていきます。

◆ 訪問前に確認しておくこと

電話などで事前に利用者の情報を得ておくと、実際会ったときに余裕をもって話を聞くことができ、的を射た質問をすることができます。

◆基本情報
◆住所、氏名、年齢、要介護度、ADL、既往歴、家族構成、キーパーソンの情報など

◆ 初回面接とアセスメント

まず、利用者・家族に**訪問の意図と内容**を大まかに説明します。なかには、すべてケアマネジャーにおまかせしたいと希望する方もいるでしょう。そのような場合も、あくまで**利用者が主役**であって、**ケアマネジャーはそのお手伝いをする役割**であることを明確にします。

◆アセスメントの必要性を説明する
利用者・家族と一緒に、どんな生活を送りたいかを考えて、実現する計画を立てるのが仕事であることを伝えます。また、そのために**「アセスメント (生活の状況や身体の具合などを尋ねて課題を把握する)」**の必要があることを理解してもらいましょう。

◆利用者が入院中の場合
運営基準においてアセスメントは居宅で行うことと定められていますが、例外として、入院中など**物理的な理由がある場合は除く**と認められています。

◆「介護サービス計画書の様式及び課題分析標準項目の提示について」の一部訂正について（2023年10月16日　介護保険最新情報Vol.1178）

課題分析標準項目について、情報収集項目の具体的な内容の例示が加筆されています。

◆課題分析標準項目

No	標準項目名	項目の主な内容（例）
1	受付、利用者などの基本情報	受付日時・対応者・方法、氏名、性別、生年月日、住所・電話番号など、居宅サービス計画作成の状況
2	これまでの生活と現況	現在の生活状況、これまでの生活歴
3	社会保障制度の利用情報	介護・医療保険、年金種別、生活保護・障害者手帳の有無、その他の社会保障制度などの利用状況
4	利用中の支援や社会資源	介護保険・医療保険・障害福祉サービス、自治体が提供する公的サービス、生活支援サービスなど
5	日常生活自立度（障害）	200ページ参照
6	日常生活自立度（認知症）	200ページ参照
7	主訴・意向	利用者・家族などの主訴や意向
8	認定情報	要介護状態区分、審査会の意見、区分支給限度額
9	今回のアセスメント理由	今回のアセスメントの実施に至った理由
10	健康状態	健康状態および心身の状況、受診状況、服薬状況
11	ADL	寝返り、起き上がり、座位保持、立位保持、立ち上がり、移乗、移動方法、歩行、階段昇降、食事、整容、更衣、入浴、トイレ動作など
12	IADL	調理、掃除、洗濯、買物、服薬管理、金銭管理、電話、交通手段の利用、車の運転など
13	認知機能や判断能力	認知機能、判断能力、中核症状および行動・心理症状
14	コミュニケーションにおける理解と表出の状況	コミュニケーションの理解と表出の状況、コミュニケーション機器・方法など
15	生活リズム	一日・一週間の生活リズム・過ごし方、活動の頻度
16	排泄の状況	排泄の場所・方法、尿・便意の有無、失禁の状態、後始末の状況、排泄リズム、排泄内容
17	清潔の保持に関する状況	入浴や整容、皮膚や爪、寝具や衣類
18	口腔内の状況	歯、義歯、かみ合わせ、口腔内、口腔ケア
19	食事摂取の状況	食事摂取、摂食嚥下機能、必要な食事量、食事制限
20	社会との関わり	家族・地域・仕事などの関わり
21	家族などの状況	家族などの状況、支援への参加、配慮すべき事項
22	居住環境	日常生活を行う環境、居住環境においてリスクになりうる状況、自宅周辺の環境や利便性など
23	その他留意すべき事項・状況	虐待、経済的困窮、身寄りなし、外国人、医療依存度が高い、看取りなど、その他の影響を及ぼす事項

◆ 利用者に応じた聴き方を工夫する

　利用者が話しやすい聴き方や環境づくりをしましょう。初対面では話しづらい事柄への配慮も必要です。

◆ 制度がよくわからず、不安や不信、警戒心が感じられる場合

▶ **雑談を交え、世間話や体調から聴いていきましょう**

例 「痛いところはありませんか？」「膝、肩、腰は？」
　「どういうときに痛いですか？」「どう動かすと痛いですか？」

▶ **暮らしぶりを尋ねてみましょう**

例 「買い物はどうされていますか？」「掃除はどうしていますか？」
　「布団の上げ下ろしは？」

▶ **（うちとけてきたら）病気・障害の内容について尋ねましょう**

例 「通院はどうされていますか？」「何科にかかっていますか？」
　「主治医の先生に相談できていますか？」

◆ 手続きは省略して、サービスの中身にのみ関心がある場合

▶ **適正な利用のために、事前にアセスメントを行う必要性を理解してもらいましょう**

● 「最近までご自身でされていた家事は？」と確認しつつ、そこから必要なサービスを考えていきましょう。

👆 **ワンポイントアドバイス**

自分の仕事を利用者に理解してもらうために

　知らない人がきて、いきなりメモを取り始めたら誰でも不安になります。ケアマネジャーは仕事の内容を説明したつもりでも、利用者・家族の理解が不十分なこともあります。話を聴くときには、まず記録を残すことの了解を得ておきましょう。メモにかぎらず、利用者・家族の前で何かするときは、必ず説明をしましょう。「相手の気持ちになって行動すること」は、どの仕事においても大切なことです。

例 「○○のために書類を書いています」
　「大事なことなので、メモをとらせてくださいね」など

◆ 専門用語は言い換えたり、わかりやすく説明する

　ケアマネジャーがふだん使い慣れている専門用語は、つい相手もわかってくれていると思い込んでしまいがちです。利用者・家族は一般の人です。わかりやすい言葉で説明することを心がけましょう。

◆要介護認定 ➡ ○○さんがどのくらい介護が必要かを測るもの

◆ケアマネジャー ➡ ○○さんとヘルパーさんやデイサービスの人をつなげて、計画をつくる人

◆訪問介護 ➡ ヘルパーさん。○○さんの家にきて、一緒に料理やお掃除をしたり、お手洗いやお風呂のお手伝いをします。

◆サービス提供責任者 ➡ ヘルパーさんの会社の担当窓口の人

◆通所介護 ➡ デイサービスです。車でお迎えに来て、一日や半日、身体を動かしたり、楽しい催しものに参加して過ごします。お昼ごはんやお風呂もあります。

◆訪問看護 ➡ 看護師さんが来て、インスリン注射や褥瘡（じょくそう）の処置などの簡単な医療行為や病院との橋渡しをしたりします。

◆福祉用具 ➡ ベッドや車いすなど、暮らしを助ける用具のことです。

◆サービス担当者会議 ➡ ケアマネジャーとヘルパーさんやデイサービスの人などが○○さんのお宅に集まって、○○さんと一緒にどんな暮らしがしたいかを話し合う集まりのことです。

 ワンポイントアドバイス

アセスメントは五感を使って！

　話を聞くことだけがアセスメントではありません。五感をフルに活用して、利用者の暮らしの状況を把握しましょう。

● 住居周辺の雰囲気・騒音、玄関先、壁に貼ってあるもの、台所、ゴミの種類、片づけ具合、においなど

● 本人は玄関まで出て来ることができるか、ケアマネジャーを理解しているか、会話は成立するか、自分のことを説明できるか

● 病院・役場・商店街・駅など、生活に必要なところまでの距離と時間

● トイレ・浴室の様子や居室からの距離、手すり・段差の有無など

契約をする
（契約書・重要事項説明書・個人情報使用同意書）

利用者・家族と契約を交わすことでケアマネジメントはスタートします。契約内容を正確に理解してもらうことが良好なコミュニケーションの第一歩です。

◆ 契約書

契約のもっとも重要な点について記載したものです。
● 契約期間・解約・終了　●損害賠償、秘密保持　●記録保管など
※契約は口頭でも成立しますが、通常は、契約書を取り交わします。

◆ 重要事項説明書

契約書に記載した内容以外で重要な内容を、より具体的に記載したものです。
● 事業所の概要・営業時間、サービス内容、利用料、苦情相談窓口など
※法規上、重要事項説明書の説明と同意が義務付けられています。

◆ 個人情報使用同意書

利用者と家族の個人情報を最小限の範囲で**使用・提供・取得**することに同意を得るものです。

◆ 居宅介護支援の費用と加算（その①）　※その他の加算は103ページ参照

内容（主なもの抜粋）	単位	
居宅介護支援費Ⅱ （取扱い件数50未満、または50以上の場合は50未満の部分） ※ケアプランデータ連携システムの利用及び事務職員の配置を行っている事業所	要介護1·2	1,086／月
	要介護3·4·5	1,411／月

※特定事業所加算Ⅰ：+519／月、Ⅱ：+421／月、Ⅲ：+323／月、A：+114／月
※特定事業所医療介護連携加算：+125／月

初回加算	+300／月

※新規、要支援から要介護認定、要介護度が2段階以上変更時にケアプラン作成する場合

課題整理総括表の活用

課題整理総括表は義務書式ではありませんが、多職種連携や地域ケア会議、ＯＪＴにおける助言、指導などにおいても活用が期待されます。自治体によっては独自の書式を用いています。

◆ 課題整理総括表とは

アセスメント結果からどのような考えで、ケアプラン第2表「生活全般の解決すべき課題」を導き出したかを「見える化」した帳票です。

◆ どんなときに使う?

活用効果の高いケースを中心に行うことが有効でしょう。

- 介護保険サービスの導入開始ケース
- 退院などにより入院前の生活と大きく変わるケース
- 長期間、サービス内容に変化がないケースなど

2014年厚生労働省「課題整理総括表・評価表の活用の手引きの活用について」より抜粋

第1表
居宅サービス計画書

第1表はケアプラン全体の「方向性」を示すものです。利用者・家族とケアチームが気持ちを1つにするために、できるだけわかりやすく、具体的な言葉で表しましょう。

◆ 利用者および家族の生活に対する意向を踏まえた課題分析の結果

どのようなサービスを受けてどのような生活をしたいかを踏まえた課題分析の結果を書きます。

◆利用者と家族の意向が違う場合

◆区別して書きますが、双方の目にふれることを考慮

◆認知症が深い場合

◆本人だったらこう思うのでは、と想像してみる。
◆どういった場面や状況で穏やかに過ごされているか。
◆もともと好きだったことはなにか。
◆周りとの関係はどうなることを望まれるか。

◆ 総合的な援助の方針

「利用者および家族の生活に対する意向」の実現に向けて、ケアチームがどのような援助を行っていくかの**方向性**を書きます。

◆認知症や独居、医療頻度が高いなど緊急事態が予測される場合

対応機関や連絡先を書き入れましょう。緊急時を想定した対応について、利用者・家族・ケアチームのなかで共通の認識をもつことで、適切な対応を図ることができます。

 居宅サービス計画作成（変更）日の日付は、説明・同意日を示します。

ケア プラン 第2表
居宅サービス計画書

第2表は第1表で示された利用者が望む生活を実現するために、生活課題を具体的な方法や手段によって解決していく「手順」を示すものです。

◆ 生活全般の解決すべき課題（ニーズ）

生活上で困っている状況・状態と、それを解決するために必要なことを具体的な方法や手段をわかりやすく書きます。より優先すべき課題から書いていきます。

◆福祉用具貸与や購入をケアプランに位置づける場合

「生活全般の解決すべき課題」「サービス内容」などにサービスを必要とする理由が明らかになるよう書きます。

◆ 長期目標

「生活全般の解決すべき課題」を解決するために**目指す状況・状態**を、達成可能な目標にして書きます。支援者側の目標ではなく、**利用者の目標**です。

◆ 短期目標

「長期目標」を達成するために目指す**段階的な目標**と期間を書きます。**モニタリングの目安**になります。

◆ サービス内容

「短期目標」を達成するために必要なサービス内容を書きます。家族支援やインフォーマルサービスなども必要に応じて書き入れます。

※厚生労働大臣が定める回数以上の生活援助（84ページ参照）を位置づける場合は必要な理由をサービス内容欄に書くことができます。

 個別援助計画ではないので、サービス内容は適切・簡潔に記載します。

ケアプラン 第3表
居宅サービス計画書

その月の標準的なサービスについて週単位で記入します。生活習慣、1日の過ごし方など、ケアプランのなかで利用者のその人らしさをもっとも表現している部分です。

◆ 週間サービス計画表

月曜日から日曜日まで1週間の単位で、どのようなサービスが、どのくらいの時間で、誰から提供されるのかが一目でわかります。

◆多職種連携のあり様を表す

通院、主治医の訪問診療、インフォーマルな支援、介護保険外のサービス、家族の関わりも記載できるので、多職種連携のあり様が見えます。

◆ 主な日常生活上の活動

食事（朝食・昼食・夕食）、入浴、清拭、洗面、口腔清掃、整容、更衣、水分補給、体位変換、家族の来訪や支援など、家族の支援や利用者のセルフケアなどを含む生活全体の流れが見えるように書きます。

◆ 週単位以外のサービス

ショートステイや住宅改修、福祉用具のレンタル、病院受診、その他の支援サービスなど、週単位以外のサービスを書きます。

 医療サービスをケアプランに位置づける場合は

● 利用者の同意を得て主治医等の意見を求めなければいけません。
● ケアプランを主治医等に交付しなければいけません。

ケアプラン 第4表～第7表 居宅サービス計画書

ケアプランとは第1表から3表、第6・7表までを示します。各介護サービスの加算表記は利用票・別表に書き記すことができます。利用票・別表を持ってモニタリング訪問を行います。

◆ 第4表　サービス担当者会議の要点

詳細については92ページを参照してください。

◆ 第5表　居宅介護支援経過

　日時（時間）、対応者、記載者（署名）、利用者（家族）の発言内容・サービス事業者などとの連絡調整・ケアマネジメントの一連の事項・ケアプランの軽微な変更の場合の根拠や判断などを簡潔で適切な表現で誰もが理解できるように書きます。なお、モニタリング記録は第5表に準ずるものとして、事業所独自のモニタリングシートを使用することも一般的です。

- ◆文章における主語と述語を明確にする。
- ◆共通的ではない略語や専門用語は用いない。
- ◆曖昧な抽象的な表現は避ける。
- ◆箇条書きを活用する。

◆ 第6表・第7表　サービス利用票・別表

　毎月、利用票・別表（次月分のサービス種類、予定日、時間、金額などを記入した書面）の**説明・同意・交付**を行います。

　なお、**限度額超過**が見込まれる場合は、超過の割り振りを行います。

◆「介護サービス計画書の様式及び課題分析標準項目の提示について」の一部訂正について（2021年3月31日　介護保険最新情報Vol.958）

　居宅サービス計画書の記載の仕方などについて一部変更、追加されています。利用者本人の計画であることを踏まえて、**わかりやすく記載する**ことが求められています。

事業所を選ぶ

サービス事業所を選ぶのは利用者・家族です。ケアマネジャーは事業所の選択に必要な情報を提供して、利用者・家族が安心して選べる状況をつくります。

◆ 事業所を選ぶポイント

　ほとんどの利用者・家族は、介護サービスを使うのは初めてでしょう。ケアマネジャーは事業所の情報を渡して「終わり！」ではなく、利用者・家族がよりよい選択ができるよう援助する必要があります。

　サービス事業所は以下の点に留意して選びましょう。

● 事業所の特徴を把握して、利用者・家族と相談しながら選ぶ。
● 利用の可否、空き状況などを予め把握しておく。
● 自社の併設事業所を提案する場合はその**メリット**、**デメリット**を伝える。

◆ 訪問介護　選択のポイント

◆ **通院介助**や**自費の組み合わせ**など、柔軟に対応してくれるか？

◆ **医療的ケア**や**難病対応**など、経験と知識を持ち合わせているか？

◆ **法令に精通**していて、安心してお願いすることができるか？

◆ **専門性のある生活援助**の提供が可能か？

◆ 通所介護　選択のポイント

◆ **レクリエーション**、**機能訓練**、**滞在時間**などの特色が利用の目的に合っているか？

◆ 身体状態に合った**食事・入浴**の提供が可能か？

◆ **送迎範囲**や**時間帯**、**車いす対応**などが可能か？

◆ **延長**や**土日祝の対応**、**曜日の変更**、**夕食の提供**などの必要が想定されるか？

◆**訪問看護　選択のポイント**

◆利用者の自己決定や**チームケア**を大切にしてくれるか？

◆**緊急時の体制**が整っているか？

◆**医療と介護**、双方への理解をもちあわせているか？

◆**ショートステイ　選択のポイント**

◆職員は**穏やか**で**雰囲気**が落ち着いているか？

◆定期のほか、**臨時の利用**にも対応が可能など、利用しやすいか？

◆施設の機能（生活支援、療養、リハビリ）が利用者のニーズに合っているか？

◆いずれは**施設入居**も視野に入れた利用が必要か？

◆**訪問入浴介護　選択のポイント**

◆スタッフ間の**チームワーク**がとれているか？

◆和やかな雰囲気でゆったりと入浴できるか？

◆生活スタイル、**住環境**に合わせたサービス提供が可能か？

◆ 特定事業所集中減算

　前**6か月**に作成されたケアプランにおける、**訪問介護**、**通所介護**、**地域密着型通所介護**、**福祉用具貸与**ごとの、同一事業者によって提供された割合が**80％**を超えている場合、減算適用期間のすべての居宅介護支援費が1か月につき**200**単位の減算となります。

　居宅介護支援の提供の開始時には、利用者に対して以下の内容を文書で交付して説明します。　※行われていない場合は運営基準減算

●利用者は複数のサービス事業者などを紹介するよう求めることができる。

●利用者はケアプランに位置付けたサービス事業者などの選定理由の説明を求めることができる。

軽度者のモデルプラン

自立性は保ちながら、並行してリスクマネジメントの視点も大切になってきます。サービス内容や量などを決めるうえでは、介護保険を利用する直前の生活スタイルが参考になるでしょう。

			月	火	水	木
週間サービス計画表	深夜	4:00				
	早朝	6:00				
	午前	8:00	買物同行 ❶ 訪問介護 身2	掃除、洗濯 訪問介護 生3		買物同行 訪問介護 身2
		10:00				
	午後	12:00	配食サービス	配食サービス	通所介護	配食サービス
		14:00				
		16:00				
	夜間	18:00				
		20:00				
		22:00				
	深夜	0:00				
		2:00				
		4:00				

週単位以外のサービス	❷車いす貸与、❸自費ベッド貸与、住宅改修(手すり)
	訪問介護(通院／月1回)

モデルプランAさんの状況

Aさんは独居。最近、物忘れも見られるようになってきました。膝関節症により長時間の歩行は難しく、掃除、洗濯干しなどの家事が大変な様子です。訪問介護を利用して車いすで外出介助を行い、買物や通院を行います。病院内も付き添いが必要なため、自費の対応を行っています。定期的に訪問する家族とも連絡を取って連携することも必要です。

金	土	日	主な日常生活上の活動
			起床
掃除、洗濯			朝食
訪問介護 生3			
❹ 配食サービス	通所介護	家族の訪問	昼食
			夕食 入浴
			就寝
		※有償ボランティアなどを活用することで活動範囲の拡大が期待できます。	

❶雨天時は買い物代行に変更。

❷日常生活範囲における移動の支援が特に必要と判断して例外給付を適用。（68ページ参照）

❸福祉用具事業所が行っている軽度者用の貸し出しサービスを利用。

❹市町村や民間によるサービスを活用する。

ケア
プラン

第3表

生活不活発改善のモデルプラン

慢性的に活動性が低くなっている場合は、本人の心情をくみ取りながら、焦らず、負担のかからない程度のサービスから勧めていきましょう。サービスを勧める声かけだけでも有効な支援になります。

◆週間サービス計画表

		月	火	水	木
深夜	4:00				
早朝	6:00				
	8:00				
午前	10:00	❶			❹ 訪問マッサージ
	12:00	通所		入浴 ❷	
午後	14:00	リハビリテーション		訪問介護 身2	
	16:00				
	18:00				
夜間	20:00				
	22:00				
	0:00				
深夜	2:00				
	4:00				

週単位以外のサービス	車いす貸与、歩行補助つえ貸与、特殊寝台貸与、特殊寝台付属品貸与 入浴補助用具購入、❸通院等乗降介助(月1回)

モデルプランBさんの状況

Bさんは脳梗塞による片マヒで、言語障害があります。妻と2人暮らしです。男性の中にはBさんのようにデイサービスなどの利用に対して抵抗感のある人も多くいます。その場合、リハビリなどの明確な目的を提示することで気持ちが変わることがあります。実際に通い始めると新たな居場所づくりとなって、結果的に家族と良好な関係性を継続できることが多いのです。

金	土	日	主な日常生活上の活動
		起床	
		朝食	
通所リハビリテーション		昼食	
		夕食	
		就寝	

❶言語聴覚士によるリハビリも受けている。

❷ヘルパーがバイタル測定を行った後、入浴を実施している（162ページ参照）。

❸家族は安全に乗降の介助などを行えないが、通院同行する必要があるため同乗している。

❹医療保険が適用されている。

※デイケア利用の外出に抵抗感がある場合は、「訪問リハビリテーション」なども有効な選択肢です。

ケアプラン

第3表

独居のモデルプラン

独居の場合は、訪問介護による生活援助も算定できます。同居家族の援助が見込めないため、各サービスの配分にも注意を払いましょう。緊急時の対応や、連絡先なども事前に確認しておきます。

◆週間サービス計画表

			月	火	水	木
深夜		4:00				
早朝		6:00	排泄、整容 デイ送り出し ❶			排泄、整容 デイ送り出し ❸
		8:00	訪問介護 身1	ゴミ収集サービス	排泄、整容、買物	訪問介護 身1
午前		10:00		訪問介護 身1生3	訪問介護 身1生2	
		12:00	通所介護			通所介護
午後		14:00		排泄、整容、調理、洗濯、掃除		
		16:00				
		18:00	訪問介護 身1	配食サービス	配食サービス	訪問介護 身1
夜間		20:00	デイお迎え ❷			デイお迎え
		22:00				
深夜		0:00				
		2:00				
		4:00				

週単位以外のサービス	車いす貸与、特殊寝台貸与、特殊寝台付属品貸与
	ポータブルトイレ購入、訪問介護(通院・月1回)

モデルプラン Cさんの状況

C さんは独居。認知症も見られ、歩くのも大変な様子でトイレに行くのがやっとの状態です。独居の場合、特にサービス提供のない時間帯にも目を向けて、食事の確保や夜間の安全な排泄のためのポータブルトイレなどの活用が必要になります。服薬管理が困難な場合、主治医に相談して訪問介護が入る時間帯に合わせて、薬をまとめてもらいましょう。

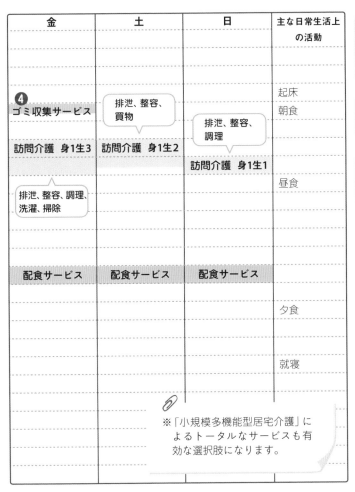

金	土	日	主な日常生活上の活動
			起床
❹ ゴミ収集サービス	排泄、整容、買物		朝食
		排泄、整容、調理	
訪問介護 身1生3	訪問介護 身1生2		
		訪問介護 身1生1	
排泄、整容、調理、洗濯、掃除			昼食
配食サービス	配食サービス	配食サービス	
			夕食
			就寝

❶デイサービスの送迎車の到着時間が前後することを考慮して余裕をもたせた訪問時間を設定する。

❷夕食用の弁当を用意してくれるデイサービスもある。

❸万一遅れた場合の連絡方法をヘルパーとデイサービスで決めておくとよい。

❹市町村独自のサービスを活用。

※「小規模多機能型居宅介護」によるトータルなサービスも有効な選択肢になります。

老老介護のモデルプラン

夫婦だけでは今後の見通しを立てるのが困難なことが多く、その他の家族などの協力も仰ぎながら、夫婦が共倒れしない生活を維持していきます。レスパイトケアの視点が大切です。

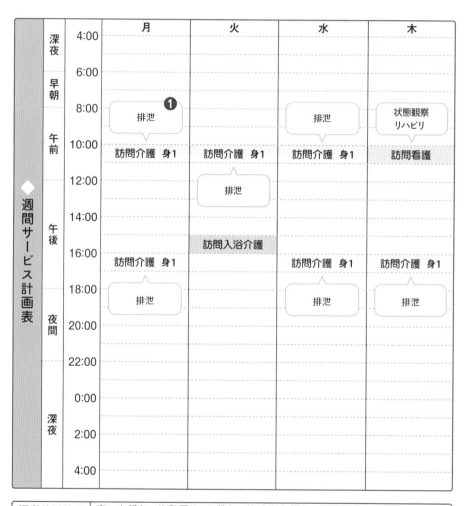

週間サービス計画表

		月	火	水	木
深夜	4:00				
早朝	6:00				
午前	8:00	排泄 ❶		排泄	状態観察 リハビリ
午前	10:00	訪問介護 身1	訪問介護 身1	訪問介護 身1	訪問看護
	12:00		排泄		
午後	14:00				
午後	16:00	訪問介護 身1	訪問入浴介護	訪問介護 身1	訪問介護 身1
夜間	18:00	排泄		排泄	排泄
夜間	20:00				
	22:00				
深夜	0:00				
深夜	2:00				
	4:00				

週単位以外のサービス	車いす貸与、移動用リフト貸与、特殊寝台貸与、特殊寝台付属品貸与、居宅療養管理指導(医師、月2回)、❷短期入所生活介護(月1回)

モデルプラン D さんの状況

D さんは高齢でベッド上で過ごす時間も長くなっています。妻も高齢ですが、夜間はオムツ交換を行ってくれています。日中はできる限りトイレでの排泄を希望して、訪問介護を利用しています。食事量や排泄の状況などの情報を主治医に伝えて、栄養剤や下剤なども調整してもらいます。今後に備えて、施設入居の検討なども話し合っておく必要があります。

金	土	日	主な日常生活上の活動
			排泄(家族介助)
			起床
	排泄	排泄	朝食
訪問介護 身1	訪問介護 身1	訪問介護 身1	
排泄			昼食
訪問入浴介護			
	訪問介護 身1	訪問介護 身1	
	排泄	排泄 ❸	夕食
			排泄(家族介助)
			就寝

※定期巡回・随時対応型訪問介護看護も有効な選択肢となります。

❶排泄、食事、水分量を把握できるシートを活用して事業所間で活用する。

❷面会に行きやすい施設を選んでいる。

❸算定ルール：1日に複数回算定する場合には概ね2時間以上あける。
※看取り期を除く。

介護予防 総合事業のしくみ

要支援の訪問介護と通所介護は総合事業になります。総合事業は市町村ごとにサービス利用料、提供の仕方が異なるため、内容を確認する必要があります。

◆ 総合事業とは

　総合事業（**介護予防・日常生活支援総合事業**）は、厚生労働省が 2025 年をめどに進めてきた**「地域包括ケアシステム」**の１つです。

　サービス利用料、名称、提供の仕方などは、**市町村ごとの裁量**となるため、今後、地域間の格差が広がることも懸念されています。

　また、高齢者を受け身にする介護予防ではなく、**役割をつくって参加や活動**を通した介護予防への転換が図られています。

◆ 総合事業の特徴

❶多様な主体による多様なサービスの提供

　高齢者が急増していくなかで、生活支援の担い手が不足していくこと、また財政的な制約もあることから、**NPO やボランティアなど住民の参加**によって地域ごとにサービスの充実を図ることを目指しています。

❷介護予防ケアマネジメントに基づいたサービスの実施

　訪問介護と通所介護はそれぞれ多様なサービスに分かれており、基準や支援者などが異なります。したがって、**有資格者による支援の必要性の見極めが必要**になってきます。

❸介護予防訪問介護と介護予防通所介護が総合事業に移行

　従来の予防給付のうち、**介護予防訪問介護**と**介護予防通所介護**だけが、2017 年 4 月までにすべての市町村で総合事業に移行しています。**それ以外のサービス（訪問看護や福祉用具など）は、これまで通り予防給付**です。総合事業の拡充と合わせて、包括的支援事業もメニューが増え、在宅医療・介護連携や認知症の初期からの対応などが進められます。

◆ 利用までの流れ

　総合事業には、要介護認定を受けた方や、市町村が行っている**基本チェック
リスト**（49 ページ参照）により生活機能の低下が見られた方（事業対象者）が
利用できる「**介護予防・生活支援サービス事業**」と、65 歳以上のすべての方
が利用できる「**一般介護予防事業**」があります。

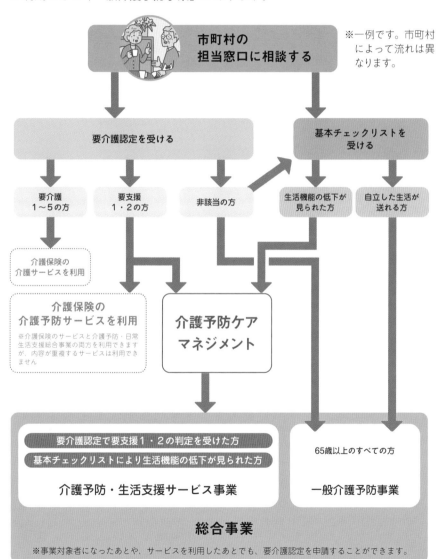

※一例です。市町村
によって流れは異
なります。

総合事業のサービス

一例を紹介します。市町村によって内容は異なります。

◆介護予防・生活支援サービス事業

要介護認定で要支援1・2の判定を受けた方、基本チェックリストにより生活機能の低下が見られた方が利用できるサービスです。

訪問型サービス

◆**ホームヘルパーが居宅を訪問し、身体介護や生活援助を行います。**

◆地域住民やボランティアが主体となり、ゴミ出しなどの生活援助を行います。

◆保健師などが、健康に関する短期的な指導を行います。

◆移動支援や移送前後の生活支援を行います。

通所型サービス

◆**デイサービスで日常生活上の支援や、生活向上のための支援を行います。**

◆地域住民やボランティアが主体となり、レクリエーションや運動の場を提供します。

◆生活機能を改善するため、運動機能の向上や栄養改善などの短期的指導を行います。

生活支援サービス

◆栄養改善を目的とした配食サービスを行います。

◆地域住民やボランティアが主体となり、定期的な訪問を行います。

◆訪問型サービスと通所型サービスを一体化し、地域の実情に合わせた生活支援を行います。

◆一般介護予防事業

65歳以上のすべての方が利用できるサービスです。

◆閉じこもりなど何らかの支援が必要な方を把握し予防介護活動への参加につなげます**（介護予防把握事業）**。

◆介護予防に関するパンフレット配布や講座・講演会を開催し、介護予防活動の重要性を周知します**（介護予防普及啓発事業）**。

◆地域住民主体で行う介護予防活動の支援をします**（地域介護予防活動支援事業）**。

◆介護予防の取り組みを機能強化するため、地域で行う介護予防活動にリハビリテーション専門職などが参加します**（地域リハビリテーション活動支援事業）**。

◆一般介護予防事業の成果の評価を行います**（一般介護予防事業評価事業）**。

◆ 基本チェックリスト

	No	質問項目	回答	
日常生活	1	バスや電車で1人で外出していますか	0.はい	1.いいえ
	2	日用品の買い物をしていますか	0.はい	1.いいえ
	3	預貯金の出し入れをしていますか	0.はい	1.いいえ
	4	友人の家を訪ねていますか	0.はい	1.いいえ
	5	家族や友人の相談にのっていますか	0.はい	1.いいえ
運動器	6	階段を手すりや壁をつたわらずに昇っていますか	0.はい	1.いいえ
	7	椅子に座った状態から何もつかまらずに立ち上がっていますか	0.はい	1.いいえ
	8	15分間位続けて歩いていますか	0.はい	1.いいえ
	9	この1年間に転んだことがありますか	1.はい	0.いいえ
	10	転倒に対する不安は大きいですか	1.はい	0.いいえ
栄養	11	6か月間で2〜3kg以上の体重減少はありましたか	1.はい	0.いいえ
	12	身長（　　　　cm）　体重（　　　　kg） （＊BMI 18.5未満なら該当）＊BMI（＝体重(kg)÷身長(m)÷身長(m)）	1.はい	0.いいえ
口腔	13	半年前に比べて堅いものが食べにくくなりましたか	1.はい	0.いいえ
	14	お茶や汁物等でむせることがありますか	1.はい	0.いいえ
	15	口の渇きが気になりますか	1.はい	0.いいえ
閉じこもり	16	週に1回以上は外出していますか	0.はい	1.いいえ
	17	昨年と比べて外出の回数が減っていますか	1.はい	0.いいえ
物忘れ	18	周りの人から「いつも同じ事を聞く」などの物忘れがあると言われますか	1.はい	0.いいえ
	19	自分で電話番号を調べて、電話をかけることをしていますか	0.はい	1.いいえ
	20	今日が何月何日かわからない時がありますか	1.はい	0.いいえ
こころ	21	（ここ2週間）毎日の生活に充実感がない	1.はい	0.いいえ
	22	（ここ2週間）これまで楽しんでやれていたことが楽しめなくなった	1.はい	0.いいえ
	23	（ここ2週間）以前は楽にできていたことが今ではおっくうに感じられる	1.はい	0.いいえ
	24	（ここ2週間）自分が役に立つ人間だと思えない	1.はい	0.いいえ
	25	（ここ2週間）わけもなく疲れたような感じがする	1.はい	0.いいえ

該当基準	
No.1〜20までの20項目のうち10項目以上に該当	No.16に該当
No.6〜10までの5項目のうち3項目以上に該当	No.18〜20までの3項目のうち1項目以上に該当
No.11〜12の2項目のすべてに該当	No.21〜25までの5項目のうち2項目以上に該当
No.13〜15までの3項目のうち2項目以上に該当	

映画が描く超高齢社会

　介護が題材となった映画や小説は今までも数多くつくられてきました
し、超高齢社会と言われる現在では、以前に増して身近なテーマとして
取り扱われています。なかには高齢者とホラーが合体して、それはそれ
でエンターテインメントとして成立している作品もありますが、社会派
作品となると、どうしても描かれている現実の描写のほうが気になって
雑音となり、作品に集中できなかったりします。

　75歳になると自ら死を選ぶことができるという架空の日本が舞台に
なっていて、テーマは尊厳死、主人公の高齢者が尊厳死を選ばずに何と
か生き抜いていこうとする映画を観ました。介護医療の業界にいるとど
うしても、実際は違うよなとか、制度のことわかってないなとか、周辺
のことが気になってしかたありません。もちろん、こんなことは介護医
療に限らず、すべての映画や小説に当てはまることであって、その業界
のことを知らなければ、そんなものかと普通に話に入っていけるでしょ
うし、そうなってもらわないと映画監督も小説家も困ってしまいます。

　「人生100年時代」と言われますが、私が今まで関わった高齢者の中で
100まで生きたいと言った方はほとんどいません。自らは親を最期まで自
宅で介護したという体験を話す高齢者も、子どもには介護させたくない、
子どもにだけは迷惑をかけたくないと言います。老後に時間を持て余し、
趣味は酒ですなどという高齢者も多いようですが、しかし、現役世代に子
育てや仕事以外に趣味に没頭できた人がどれだけいるでしょうか。

　映画の中の架空の政府は積極的に尊厳死を勧めてきます。でも現実は
どうでしょう。「フレイル予防」「自立支援」などなど、制度はむしろ、
そうすんなりとは高齢者を死なせてくれないようです。

　この先、介護保険制度はどこに向かっていくのでしょう、ケアマネ
ジャーはそのとき、どのような旗振りを担わされるのでしょうか。

家での暮らしを
支える
ケアサービス

訪問介護

利用者・家族にとって生活に密着したもっとも身近なサービスです。算定には細かいルールも数多くあります。その都度、訪問介護事業所とも確認しながら提供を行いましょう。

◇ どんなサービス？

　ホームヘルパー（訪問介護員）が利用者のお宅に訪問して、身の回りのお世話を行うサービスです。

　サービスの内容により、**身体介護**と**生活援助**の2つに分けられ、**単位数が違ってきます**。そのほか、**通院等乗降介助**があります。

◆ 身体介護とは

- 身体に直接ふれて行うサービス

  排泄・食事・入浴、身体整容・更衣、体位変換・移乗・移動、通院・外出、起床・就寝、服薬介助など

- ADL・IADL・QOLや意欲向上のために、共に行う自立支援・重度化防止のためのサービス

  自立生活支援・重度化防止のための見守り的援助など

  ※援助内容の具体例については老計10号（207ページ）参照。

- 専門的知識・技術をもって行う日常生活・社会生活上のためのサービス

  特段の専門的配慮をもって行う調理など

  ※ヘルパーが行える医療的ケアについては162ページ参照。

◆ 生活援助とは

- 日常生活の援助（代行的なサービス）

  掃除、洗濯、ベッドメイク、衣類整理・被服補修、（一般的な）調理・配下膳、買い物・薬の受け取りなど

◆ 通院等乗降介助とは

- 通院などを目的とした自ら運転する車両への**乗車・降車介助**、受診などの手続き、乗車前後の屋内外、通院先の**移動介助**など

  ※居宅が始点または終点となる場合は、病院から病院や施設から病院など、目的地間の移送も算定可。

◆ 訪問介護の費用　＜主なもの抜粋　1回あたりの単位＞

◆ 身体介護

	時間	単位
身体01	20分未満	163
身体1	30分未満	244
身体2	30分以上60分未満	387
身体3	60分以上90分未満	567
	90分以上　＋30分ごと	＋82

◆ 生活援助

	時間	単位
生活2	20分以上45分未満	179
生活3	45分以上	220

◆ 身体＋生活

	（生活援助の）時間	単位
身体＋生活1	20分以上45分未満	身＋65
身体＋生活2	45分以上70分未満	身＋130
身体＋生活3	70分以上	身＋195

◆ 通院等乗降介助

内容	単位
片道	97

※タクシー代は別途自己負担です。
※要支援1・2の方は利用できません。

◆ 加算　＜1回あたりの単位＞

時間	単位
早朝（6時～8時）夜間（18時～22時）	＋25％
深夜（22時～6時）	＋50％

※2つの時間帯にまたがる場合はサービス開始時間帯を優先します。
※その他の加算は201ページ参照。

訪問 訪問看護

在宅生活を医療的な側面から支える要となるサービスです。医師との連携や訪問介護との役割分担など、他のサービスとの関わり方も重要になってきます。

◆ どんなサービス？

看護師が利用者のお宅に訪問して、医師の指示の下、看護ケアや療養生活を支援するサービスです。医師が交付する「**訪問看護指示書**」が必要です。

- ●**症状の観察**：健康状態をチェックして持病の悪化や再発予防
- ●**診療の補助**：医師の指示による褥瘡の処置、痰の吸引、経管栄養や点滴管理
- ●**リハビリテーション**：歩行訓練や嚥下機能などの訓練
- ●**栄養面の管理**：食事介助やアドバイスを行い、栄養障害や脱水を予防
- ●**衛生面のケア**：入浴介助や清拭、排泄等の援助

◆ 訪問看護（訪問看護ステーション）の費用 ＜主なもの抜粋　1回あたりの単位＞

時間 介護度	20分未満	30分未満	30分以上 60分未満	60分以上 90分未満	PT・OT・ STの場合※
要支援	303	451	794	1,090	284
要介護	314	471	823	1,128	294

※ 週6回限度（1回20分以上）。1日に2回を超えて実施の場合は×90％、要支援は×50％。
※ PT等が看護師の訪問回数を超えている場合や特定の加算を算定していない場合は－8／回
　（要支援は利用開始から12か月超はさらに－15／回、それ以外の場合は－5／回）。

◆ 加算 ＜1か月あたりの単位＞

内容	単位
緊急時訪問看護加算Ⅰ／Ⅱ（訪問看護ステーション）	＋600／＋574
特別管理加算Ⅰ／Ⅱ	＋500／＋250

※その他の加算は201ページ参照。特別管理加算は87ページ参照。

訪問 訪問入浴介護

訪問入浴介護は、デイサービスやデイケア、自宅浴槽での入浴が困難な利用者にとって貴重なサービスです。清潔保持はもちろん、健康チェックも行います。

◆ どんなサービス?

介護スタッフと看護師が入浴車で利用者のお宅に訪問して、簡易浴槽を組み立てて、利用者は寝たままで入浴させてくれるサービスです。

訪問して組み立てから撤収までの滞在時間は**約1時間**です。

入浴を通じて、**全身状態の観察**やバイタル測定による定期的な**健康チェック**のほか、外出機会の少ない利用者には**社会交流の機会**にもなります。

※入浴車の駐車や簡易浴槽の設置スペース（**一畳半程度**）、水回りの確保などの事前確認が必要になります。

※同行する看護師は全身状態の観察や健康チェックなど、入浴時に必要な内容に限定されるため、医師から指示を受けた訪問看護が行う内容とは異なることがあるので、確認が必要です。

◆ 訪問入浴介護の費用 ＜主なもの抜粋 1回あたりの単位＞

介護度	単位
要支援	856
要介護	1,266

※看護職員1人および介護職員2人（要支援は1人）の場合。

※清拭・部分浴のみ×90%。

※主な加算は201ページ参照。

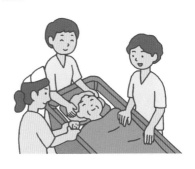

訪問リハビリテーション

実際の生活の場でリハビリを行うため、利用者のリハビリ意識も高まり、効果が期待できるサービスです。見学できる家族にとっても身近なよきアドバイザーとなります。

◆ どんなサービス?

理学療法士（PT）、作業療法士（OT）、言語聴覚士（ST）が、利用者のお宅に訪問して、医師の指示の下、リハビリを行うサービスです。

身体状態や自宅の構造、家族の介護状況などを考慮しながら、生活の場で行うことができる訓練法や介助の仕方、環境整備などリハビリの観点から指導を行います。

※訪問看護ステーションからのPT、OT、STの訪問も内容は同様です（54ページ参照）。

- **理学療法士（PT）**：主に、**基本動作**（起きる、立つ、歩く、座る等）のリハビリを**運動療法**（関節可動域訓練、歩行訓練等）や**物理療法**（温熱、電気、マッサージ等）により行います。
- **作業療法士（OT）**：主に、基本動作の上に成り立つ**応用動作**（家事、食事、入浴、排泄等）と**社会適応**に向けた心と身体のリハビリを行います。その他、**認知症**に対するアプローチも得意とします。
- **言語聴覚士（ST）**：主に、**コミュニケーション**（話す、聞く、表現する等）のリハビリを行います。また、**食べる**（摂食・嚥下）ためのリハビリも行います。

◆ 訪問リハビリテーションの費用　<主なもの抜粋　1回あたりの単位>

介護度	単位
要支援	298
要介護	308

※週6回限度（1回20分以上）。ただし、退院・退所日から3か月以内は週12回限度。
※要支援は利用開始月から12か月超−30 ／回（要件を満たさない場合）。
※主な加算は202ページ参照。

訪問 居宅療養管理指導

利用者や家族にだけではなく、ケアマネジャーにとっても医療連携や情報共有に有効なサービスです。こちらからも医師などに積極的にアプローチしていきましょう。

◆ どんなサービス?

在宅で療養していて通院が困難な利用者の自宅に医師、歯科医師、薬剤師などが訪問して、療養上の管理や指導、助言などを行うサービスです。

◆ 居宅療養管理指導の費用　<主なもの抜粋　1回あたりの単位>

内容	単位
医師	299（在宅時医学総合管理料を算定する場合）　※月2回限度
歯科医師	517　※月2回限度
（薬局の）薬剤師	518　※月4回限度（癌末期・中心静脈栄養・麻薬注射剤　月8回限度）
（事業所の）管理栄養士	545　※原則月2回限度
歯科衛生士	362　※月4回限度（癌末期　月6回限度）

※区分支給限度額算定の対象外です。

◆訪問診療はどのくらいの費用がかかりますか?

下表は月2回（24時間対応）の訪問診療の負担額です。その他に往診の費用がかさんでも、負担額上限が定められているので、それ以上はかかりません。

対象	負担割合	標準負担額	負担額上限
高齢者	1割	約7,000円	8,000 ～ 18,000円
	2割	約14,000円	18,000円
	3割	約20,000円	高額療養費による返還
一般（70歳未満）	3割	約20,000円	高額療養費による返還

◆訪問診療とは、定期訪問の在宅医療のこと

◆往診とは、急変時その他、不定期で訪問する在宅医療のこと

訪問 定期巡回・随時対応型訪問介護看護 【地域密着型サービス】

在宅で暮らす医療ニーズが高い利用者に対して、医療と介護が連携して関わるために2012年、新たに創設されたサービスです。地域によってはまだ事業所数が少ないことが課題です。

◆ どんなサービス？

日中・夜間を通じて24時間365日、定期巡回と随時訪問など、利用者の状況に応じて訪問介護と訪問看護を受けられるサービスです。

1つの事業所が訪問介護と訪問看護をまとめて提供する「**一体型**」と複数の事業所が連携を図りながらサービスを提供する「**連携型**」の2種類があります。

◆ どんなときに使う？

- 排泄など、1日に複数回訪問が必要な利用者
- 毎日の安否確認や服薬確認が必要な利用者
- 状態変化に応じて臨機応変なサービス計画の変更が必要な利用者
- 緊急時対応や頻繁な電話対応が必要な利用者

◆ 定期巡回・随時対応型訪問介護看護の費用 ＜主なもの抜粋 1か月の単位＞

1か月の**定額負担**です。連携型で訪問看護を受ける場合には、別に訪問看護事業所において費用（要介護1～4：2,961単位、要介護5：3,761単位）がかかります。

介護度	一体型		連携型
	介護と看護を利用	介護のみ利用	
要介護1	7,946	5,446	5,446
要介護2	12,413	9,720	9,720
要介護3	18,948	16,140	16,140
要介護4	23,358	20,417	20,417
要介護5	28,298	24,692	24,692

※要支援1・2の方は利用できません。
※定期巡回・随時対応型訪問介護看護費（Ⅲ）は夜間対応型訪問介護の費用と同様。

夜間対応型訪問介護

夜間帯にだけ訪問介護が必要な場合や、他の訪問介護事業所との併用も可能ですが、最近では定期巡回・随時対応型訪問介護看護の事業所数が増加傾向にあります。

◆ どんなサービス?

夜間帯（18時〜8時）にホームヘルパーが訪問して、排泄介助や安否確認などを行うサービスです。

定期巡回と**随時訪問**の2種類のサービスがあります。

定期巡回・随時対応型訪問介護看護が定額制であるのに対して、夜間対応型訪問介護は**訪問した回数によって費用**がかかるしくみです（オペレーションセンターを設置している場合）。訪問看護のサービスはありません。

◆ 夜間対応型訪問介護の費用　＜主なもの抜粋＞

内容		単位
オペレーションセンターを設置している場合	基本夜間対応型訪問介護	989／月
	定期巡回サービス	372／回
	随時訪問サービス	567／回

※要支援1・2の方は利用できません。

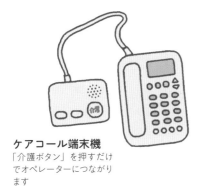

ケアコール端末機
「介護ボタン」を押すだけでオペレーターにつながります

ペンダント式コールボタン
端末機から離れたところで急な介護が必要になったときに使います

通所 通所介護 （デイサービス）

定員18人以下のデイサービスは、地域密着型サービスとなります。地域密着型通所介護は、住んでいる市町村以外の施設は原則、利用できないので注意が必要です。

◆ どんなサービス？

1日や半日、送迎車による送り迎えを行い、施設でレクリエーション・機能訓練・体操などの活動や食事（実費）・入浴（入浴介助加算Ⅰ：40単位、Ⅱ：55単位）などを提供するサービスです。

看護師に加えて、理学療法士や作業療法士、柔道整復師などを独自に配置したデイサービスも数多くあります。**要介護度によって費用が異なります。**

◆ 通所介護の費用 ＜主なもの抜粋　1回あたりの単位＞

時間	介護度	通常規模型	地域密着型	時間	介護度	通常規模型	地域密着型
3～4	1	370	416	6～7	1	584	678
	2	423	478		2	689	801
	3	479	540		3	796	925
	4	533	600		4	901	1,049
	5	588	663		5	1,008	1,172
4～5	1	388	436	7～8	1	658	753
	2	444	501		2	777	890
	3	502	566		3	900	1,032
	4	560	629		4	1,023	1,172
	5	617	695		5	1,148	1,312
5～6	1	570	657	8～9	1	669	783
	2	673	776		2	791	925
	3	777	896		3	915	1,072
	4	880	1,013		4	1,041	1,220
	5	984	1,134		5	1,168	1,365

※主な加算は202ページ参照。

通所

通所リハビリテーション（デイケア）

集団の中で行われるリハビリは、刺激もあって多くの効果が期待できます。デイサービスは苦手だと思う、特に男性の利用者などにも有効なサービスです。

◆ どんなサービス？

介護老人保健施設や医療機関など、いわゆるデイケアセンターに通って、理学療法士や作業療法士などの専門職によるリハビリのほか、食事や入浴などを提供するサービスです。

◆ 通所リハビリテーション（介護老人保健施設）の費用 ＜主なもの抜粋　1回あたりの単位＞

時間	介護度	通常規模型
7～8	要支援1	2,268（1か月あたり）
	要支援2	4,228（1か月あたり）
	要介護1	762
	要介護2	903
	要介護3	1,046
	要介護4	1,215
	要介護5	1,379

※要支援は利用開始月から12か月超　要支援1：−120／月　要支援2：−240／月（要件を満たさない場合）。
※主な加算は203ページ参照。

コラム　デイケアとデイサービスの違い

一般的に、デイケアはデイサービスに比べると、食事や入浴、レクリエーションなどの対応が簡素で、利用料金もデイサービスよりも高めです。デイケアの設立主体は病院、診療所、介護老人保健施設などに限定されていますが、デイサービスはそれらに加えて、株式会社やNPO法人なども可能です。

お年寄りに日中のんびり過ごしてもらうためには「デイサービス」、身体機能の維持向上を図るためには「デイケア」と考えるとよいでしょう。

通所

認知症対応型 通所介護

地域密着型サービス

認知症専門のケアにより、利用者が安心できる居場所をつくり出すことが可能になります。通常のデイサービスでは利用が難しいケースでも相談にのってくれます。

◆ どんなサービス?

認知症の疾患のある利用者を対象にした少人数 (定員12名以下) のデイサービスです。

スタッフ1人あたりの利用者数が通常の通所介護よりも少ないため、利用者一人ひとりのペースに合わせた**個別ケア**を行ってくれます。単独型のほか、特養ホームなどに併設 (併設型)、グループホームなどの共用部分を利用する (共用型) があります。

◆ 認知症対応型通所介護の費用 ＜主なもの抜粋　1回あたりの単位＞

時間	介護度	単独型	併設型
6〜7	要支援1	760	684
	要支援2	851	762
	要介護1	880	790
	要介護2	974	876
	要介護3	1,066	960
	要介護4	1,161	1,042
	要介護5	1,256	1,127
7〜8	要支援1	861	773
	要支援2	961	864
	要介護1	994	894
	要介護2	1,102	989
	要介護3	1,210	1,086
	要介護4	1,319	1,183
	要介護5	1,427	1,278

小規模多機能型居宅介護

泊まる 通う

地域密着型サービス

在宅生活を総合的に支援できる理想的なサービスと言えます。一方で、サービス提供が事業所都合になることも多いので、信頼のおける事業所選びが重要になります。

◆ どんなサービス?

通所 (デイサービス) を中心として、訪問 (訪問介護) や泊まり (ショートステイ) を複合的に組み合わせたサービスです。

顔なじみのスタッフが関わることで、認知症の疾患のある方も安心してもらえます。ただし、訪問看護、訪問リハビリテーション、居宅療養管理指導、福祉用具、住宅改修以外のサービスの併用はできません。居宅介護支援も**事業所に所属するケアマネジャー**に変更になります。

◆ どんなときに使う?

- 訪問などの定時対応の理解が困難な利用者
- 各介護サービスの内容、しくみ、違いなどの理解が困難な利用者
- 介護者の仕事など、都合によってサービスの細かい調整が必要な利用者

◆ 小規模多機能型居宅介護の費用 〈主なもの抜粋 1か月あたりの単位〉

1か月の**定額負担**です。宿泊費、食費は別途必要になります。

介護度	単位
要支援1	3,450
要支援2	6,972
要介護1	10,458
要介護2	15,370
要介護3	22,359
要介護4	24,677
要介護5	27,209

泊まる 通う 看護小規模多機能型居宅介護

地域密着型サービス

医療ニーズの高い利用者へのサービスとして、2012年に「訪問看護」と「小規模多機能型居宅介護」を組み合わせて創設された「複合型サービス」が2015年度に名称変更されました。

◆ どんなサービス?

　小規模多機能型居宅介護に訪問看護を加えることで「通い」「訪問(介護・看護)」「泊まり」の4種類のサービスを顔なじみのスタッフから受けることができるサービスです。

　訪問看護が加わることで、医療行為(**痰の吸引**や**経管栄養**など)が常に必要な中重度の状態になっても、入院・入居をせずに小規模多機能の特色を生かして、**自宅療養生活が可能**になります。

◆ 看護小規模多機能型居宅介護の費用　＜主なもの抜粋　1か月あたりの単位＞

介護度	単位
要介護1	12,447
要介護2	17,415
要介護3	24,481
要介護4	27,766
要介護5	31,408

※要支援1・2の方は利用できません。

ケアマネジャーの引継ぎを適切に行うために

　小規模多機能型居宅介護や看護小規模多機能型居宅介護はケアマネジャーが変わってしまうので、提案するのに消極的になりがちなサービスです。日頃から施設見学などを行い、内容をしっかり理解したうえで、提案が必要な利用者や家族には早めに対処できるようしておきましょう。

泊まる 短期入所生活介護
（ショートステイ）

施設によって、単独か併設型、個室か多床室、ユニットケアなどいろいろあります。施設見学なども行い、事前に情報収集を行っておくとよいでしょう。

◆ どんなサービス？

介護老人福祉施設などに短期間（最大30日まで）入所して、日常生活上の支援や機能訓練などを受けるサービスです。**レスパイトケア**の役割も担っています。

◆ 短期入所生活介護の費用　＜主なもの抜粋　1日あたりの単位＞

居室の種類／介護度	単独型		併設型	
	従来型個室・多床室	ユニット型個室・個室的多床室	従来型個室・多床室	ユニット型個室・個室的多床室
要支援1	479	561	451	529
要支援2	596	681	561	656
要介護1	645	746	603	704
要介護2	715	815	672	772
要介護3	787	891	745	847
要介護4	856	959	815	918
要介護5	926	1,028	884	987

※サービス費用に加えて、滞在費、食事、日常生活費等（オムツ代以外）がかかります。
※滞在費、食費については負担限度額が設けられています（67ページ参照）。

◆居室のタイプ

◆従来型個室：ユニットが設定されない個室
◆多床室：定員2〜4名の相部屋
◆ユニット型個室：共同生活室（リビング）を中心にユニットが設定された個室
◆ユニット型個室的多床室：個室の壁が天井まで届いていないユニット型居室
※ユニット：概ね10人以下として、15人を超えない生活単位

泊まる

短期入所療養介護
（ショートステイ）

医療依存度が高い利用者はもちろん、ショートステイ中に活動性が低くなってしまう利用者にも、リハビリなどを通じて ADL を保つのに有効なサービスです。

◇ どんなサービス?

介護老人保健施設（老健）や介護療養型医療施設、介護医療院に短期間（最大30日まで）入所して、医師や看護師、理学療法士等による医療・リハビリや日常生活上の支援などを受けるサービスです。

短期入所生活介護同様、**レスパイトケア**の役割も担っています。

◇ 短期入所療養介護（介護老人保健施設）の費用　＜主なもの抜粋　1日あたりの単位＞

居室の種類　　介護度	従来型個室	多床室	ユニット型個室・個室的多床室
要支援1	579	613	624
要支援2	726	774	789
要介護1	753	830	836
要介護2	801	880	883
要介護3	864	944	948
要介護4	918	997	1,003
要介護5	971	1,052	1,056

※サービス費用に加えて、滞在費、食事、日常生活費等（オムツ代以外）がかかります。
※滞在費、食費については負担限度額が設けられています（次ページ参照）。

ワンポイントアドバイス

ショートステイ探しで慌てないために

ショートステイは時期によって、また直前の申し込みでは予約が取りづらいことがあります。その際は、事前に複数のショートステイ先をケアプランに位置付けておくのもよいでしょう。

居住費（滞在費）、食費についての負担限度額

利用者が低所得者である場合は、居住費（滞在費）・食費の利用負担は所得に応じ一定額（負担限度額）までとなり、負担の軽減が図られています。

◆ 負担限度額（1日あたり）

利用者負担段階		居住費（滞在費）				食費
		従来型個室	多床室	ユニット型個室	ユニット型個室的多床室	
第1段階	生活保護受給者の方など	380円（550円）	0円	880円	550円	300円
	老齢福祉年金受給者の方					
第2段階	世帯全員が住民税非課税 合計所得金額＋年金収入額が80万円以下の方	480円（550円）	430円	880円	550円	390円【600円】
第3段階❶	合計所得金額＋年金収入額が80万円超120万円以下の方	880円（1,370円）	430円	1,370円	1,370円	650円【1,000円】
第3段階❷	合計所得金額＋年金収入額が120万円超の方	880円（1,370円）	430円	1,370円	1,370円	1,360円【1,300円】
基準額（国が示した標準的な金額）		1,231円（1,728円）	915円（437円）	2,066円	1,728円	1,445円

※（　　）内は短期入所療養介護、介護老人保健施設、介護医療院の場合
※【　　】内は短期入所生活介護、短期入所療養介護の場合

1～3段階に該当する方でも、配偶者（別世帯を含む）が住民税課税者である場合、または預貯金などが一定額を超える場合は制度の対象になりません。

・第1段階：預貯金などが単身1,000万円、夫婦2,000万円を超える場合
・第2段階：預貯金などが単身650万円、夫婦1,650万円を超える場合
・第3段階①：預貯金などが単身550万円、夫婦1,550万円を超える場合
・第3段階②：預貯金などが単身500万円、夫婦1,500万円を超える場合

福祉用具の
レンタルと購入

介護保険サービスの対象となる福祉用具は決められているだけでなく、要介護度によっては使えない用具もあります。用具の特徴を知り、利用者の生活に合わせて上手に使いこなしましょう。

◇ 福祉用具貸与・購入の費用と支給

- 固定用スロープ、歩行器（歩行車を除く）、歩行補助つえ（松葉杖を除く）は、福祉用具相談員またはケアマネジャーからの提案により貸与と購入を選択できます。
- 購入は年間（4月〜翌年3月）**10万円**が上限額です。

◇ 移動・移乗を助ける用具　＜★印は福祉用具購入＞

◆ 手すり（設置工事を伴わないもの）

- **トイレ用フレーム、上り框用手すり**などもある。
- 手すりの取り付け（住宅改修）工事までの**代替え**としても有効活用できる。

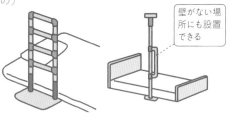

> 壁がない場所にも設置できる

◆ スロープ
（設置工事を伴わないもの）

- **2つ折れ、2本組**タイプなどがある。
- **保管場所、重量**なども確認する。

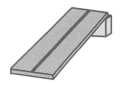

◆ 歩行補助つえ

⚠ 通常のT字杖は介護保険対象外！

- **長さの調整**、杖先ゴムの減り具合なども確認する。

前腕固定型杖
ロフストランドクラッチ

松葉杖

多点杖

◆歩行器

●車輪ありなしで大きく分類

●**収納バッグ、座面付き、重量**
　なども検討する。

⚠ シルバーカーは福祉用具貸与
　の対象外

※歩行器は体重を支えて歩行する
　が、シルバーカーは歩行時のバラ
　ンスの悪さを補完する程度のも
　の。握りの高さ、形状、座面位置
　なども違う。

固定型歩行器　　　　歩行車

◆車いす・付属品（原則、要介護度2以上の方が対象）

●**自走用**か**介助用、ティルト**や
　リクライニング機能、室内で
　小回りが利く**6輪、アシスト
　サポート機能付き**などがある。

●フットサポートが開閉したり取り
　外したりできる、アームサポー
　トをはね上げられるなどの機
　能なども有効活用できる。

●**電動車いす**も車いす同様に歩
　行者扱い。歩道（歩道のない道
　路では右端）を走行する。

◆移動用リフト、つり具の部分★（原則、要介護度2以上の方が対象）

●階段移動用リフト（可搬型階段
　昇降機）は福祉用具貸与の対象

※操作者に対する事前の操作講習あ
　り。

⚠ 固定式階段昇降機は介護保険の
　対象外

電動昇降座椅子　　　床走行式リフト

◆ ベッド周辺の用具

◆特殊寝台・付属品（原則、要介護2以上の方が対象）

- **背上げ**で起き上がり、**脚上げ**で姿勢保持やむくみ解消、**高さ調節**で立ち座りや介助がしやすくなる（1〜3モーター）。ベッドの**大きさ**、**超低床**の必要性なども考慮する。
- マットレスは**寝心地**（適度なやわらかさ、通気性）や起居しやすさ（硬めなもの）などで選定する。
- サイドレールは**転落や寝具の落下防止、起き上がり動作のきっかけ**として使用。ベッド用手すり（介助バー）は**起居動作の補助**に使用する。
- スライディングボードや介助用ベルト（入浴用以外）なども付属品に該当する。
- **動線**や**介護スペース**確保、サイドテーブルの代用として家具類の活用など住環境を整備する。

脚上げ後に背上げを行うことでずれ防止

介助バー

◆床ずれ防止用具、体位変換器、認知症老人徘徊感知機器
（原則、要介護度2以上の方が対象）

- **体圧分散性**や**通気性**に優れたマットレスを選定。床ずれ状態や寝返り困難などの場合によっては、エアマットレスや自動体位変換機能も検討する。
- 体位変換器には布団に設置する**起き上がり補助装置**などもある。
- **離床センサー**は床面やマットレスに敷くタイプがある。

床ずれ防止クッション

◆ 排泄を助ける用具　＜★印は福祉用具購入＞

◆尿とりパッド、失禁パンツ、リハビリパンツ、テープ式オムツなど

※介護保険対象外（市町村によっては支給や補助制度もあり）

パッド　　失禁パンツ

◆腰掛便座★

●**ポータブルトイレ**や、洋式便器にする**補高便座**、和式から洋式にする**据置式便座**（向きが180度逆になる）などがある。

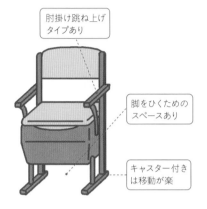

肘掛け跳ね上げタイプあり

脚をひくためのスペースあり

キャスター付きは移動が楽

◆自動排泄処理装置、交換可能部品★

（原則、要介護4以上の方が対象）

※尿のみ吸引は介護度関係なく貸与可

●排泄を感知すると、自動で吸引・洗浄・乾燥・除湿を行う。

※紙おむつは福祉用具購入の対象外

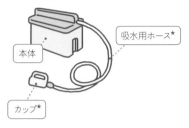

本体

吸水用ホース★

カップ★

◆排泄予測支援機器★

入浴を助ける用具　＜★印は福祉用具購入＞

◆入浴補助用具（シャワーチェア★、浴槽用手すり★、浴槽台★、入浴台★、すのこ（浴室内・浴槽内）★、入浴用介助ベルト★）、簡易浴槽★

●浴槽用手すりは浴槽湾曲部を避けて設置する。

●シャワーチェアは背もたれ、肘掛け、折りたたみタイプなどがある。

入浴台

浴槽用手すり

介助ベルト

◆ 軽度者の例外給付に関するフローチャート

以下に該当する場合は例外として、福祉用具貸与が可能です。

直近の認定調査票で、「**厚生労働大臣が定める者**」（73ページ）に該当する

 NO

 例外 給付可能 YES

貸与種目は「**車いす・付属品**」、「**移動用リフト**」、厚生労働大臣が定める者の「**日常生活範囲における移動の支援が特に必要と認められる者**」「**生活環境において段差の解消が必要と認められる者**」であり、医師の意見・サービス担当者会議を通じたアセスメントなどにより必要性を判断されている

 NO

 例外 給付可能 YES

医師の医学的な所見に基づき、以下の❶から❸までのいずれかに該当すると判断されている

❶**疾病その他の原因により、状態が変動しやすく、日によってまたは時間帯によって、頻繁に厚生労働大臣が定める者に該当する者**
　例 パーキンソン病の治療薬によるON・OFF現象

❷**疾病その他の原因により、状態が急速に悪化し、短期間のうちに厚生労働大臣が定める者に該当することが確実に見込まれる者**
　例 がん末期の急激な状態悪化

 例外給付は 認められない NO

❸**疾病その他の原因により、身体への重大な危険性、または症状の重篤化の回避等医学的判断から、厚生労働大臣が定める者に該当すると判断できる者**
　例 ぜんそく発作等による呼吸不全、嚥下障害による誤嚥性肺炎の回避

※医師の医学的所見については、主治医意見書による確認の他、医師の診断書または担当のケアマネジャーが聴取したケアプランに記載する医師の所見により確認する方法でもさしつかえない

 YES

サービス担当者会議を通じた適切なケアマネジメントにより、福祉用具貸与が特に必要である旨が判断されている

市町村に事前に確認手続きなどを行う

 例外 給付可能 YES

◆厚生労働大臣が定める者

対象外種目	状態像 （次のいずれかに該当する者）	認定調査 （198ページ参照）
車いす・付属品	日常的に歩行が困難な者	1-7「3.できない」
	日常生活範囲における移動の支援が特に必要と認められる者	―
特殊寝台・付属品	日常的に起き上がりが困難な者	1-4「3.できない」
	日常的に寝返りが困難な者	1-3「3.できない」
床ずれ防止用具・体位変換器	日常的に寝返りが困難な者	1-3「3.できない」
認知症老人徘徊感知機器	意思の伝達、介護者への反応、記憶・理解のいずれかに支障がある者	3-1「1.調査対象者が意思を他者に伝達できる」以外または3-2～3-7のいずれか「2.できない」 または3-8～4-15のいずれか「1.ない」以外 その他、主治医意見書において、認知症の症状がある旨が記載されている場合も含む
	移動において全介助を必要としない者	2-2「4.全介助」以外
移動用リフト（つり具の部分を除く）	日常的に立ち上がりが困難な者	1-8「3.できない」
	移乗が一部介助または全介助を必要とする者	2-1「3.一部介助」または「4.全介助」
	生活環境において段差の解消が必要と認められる者	―
自動排泄処理装置	排便が全介助を必要とする者	2-6「4.全介助」
	移乗が全介助を必要とする者	2-1「4.全介助」

福祉
用具

住宅改修

利用者の住環境を整えるため住宅改修も大いに活用しましょう。
一方で住まいは家族のものでもあります。同居する家族に配慮し、
みんなが快適に暮らせる家を創造する必要があります。

住宅改修の流れ

ケアマネジャーに相談

ケアマネジャーは利用者の身体機能や生活状況、
暮らし方などを把握、課題を分析する。

施工業者と家屋調査

改修前の写真、工事費見積書の依頼など

事前申請

【必要書類】

・支給申請書　　　　　　　・改修前の写真（日付入り）、図面など
・住宅改修が必要な理由書　・（必要時）住宅所有者の承諾書など
・工事見積書

審査

工事の実施

事後申請

【必要書類】

・領収書　　・工事費内訳書　　・改修後の写真など

住宅改修費の支給

◆ 住宅改修費の支給

◆ 20万円が上限額

- ● そのうちの**9割**を支給（負担割合が2割、3割負担の場合は**8割**、**7割**を支給）
- ● 20万円を**何回かに分けて使うことも可能**。2回目以降は以前の改修履歴を確認して、残りいくら使えるかを把握する。
- ● 要介護度が**3段階**（要支援は**4段階**）以上上がった場合や**転居時**は改修履歴がリセットされ、新たに20万円分の住宅改修費の支給が認められる。

◆ 複数の要介護者が同居の場合はそれぞれに20万円が支給

- ● 一つの改修箇所を按分しての申請は不可

◆ 本人や家族などが自ら改修を行う場合は材料費のみ支給（工賃は対象外）

◆ 新築工事の住宅改修は支給対象外

◆ 持ち家ではない賃貸住宅でも住宅改修可能

- ● 住宅所有者の承諾を得る必要あり（承諾書の提出が必要）
- ● 退去時の原状回復工事は支給対象外

◆ 住所地の住宅のみが対象

◆ 償還払いと受領委任払い

住宅改修費と福祉用具購入費の支給は、原則的に「償還払い制度」での給付となっていますが、利用者の一時的な負担を軽減するために、市町村によっては「受領委任払い制度」を採用しているところもあります（なお、受領委任払いが適応されるのは、市町村から登録を受けた事業者のみ）。

- ◆ **償還払い**：利用者がいったん全額を支払ったうえで、あとで領収書を添えて保険者に再度申請すると、費用の9割（8割、7割）が介護保険から支給される。

- ◆ **受領委任払い**：利用者が費用の1割（2割、3割）を事業者に支払い、残りの9割（8割、7割）は利用者の委任に基づき、保険者が事業者に直接支払う。

住宅改修の種類は大きく分けて以下の**6つ**です。

❶ 手すりの取り付け

● 用途に合わせた**形状**（横手すり、縦手すりなど）や**材質**（屋内用、屋外用、水回り用など）を選ぶ。

横手すり

最も一般的な手すり。身体の安定や移動など広範な動作に対応できる

縦手すり

身体の安定や上下移動の動作に適している。立ち上がりや出入口周り、段差部分などに便利

L字型手すり

横型と縦型を合成した手すり。トイレや浴室に多い

❷ 段差や傾斜の解消

● **玄関の上がり框**（かまち）**に踏み台を設置する**、**敷居の撤去**や**和洋室間の段差**にすりつけ板を設置する、**浴槽**をまたぎやすい浅いものに取り替えるなど

すりつけ板

踏み台

❸ 滑りにくい床材、移動しやすい床材への変更

●車いすを使用するため畳からフローリングや衝撃緩和機能が付加された畳などへの交換や、浴室などを滑りにくい床材に変更するなど

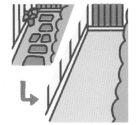

飛び石がある通路をコンクリートに

ざらつきのあるタイルで転倒を予防

❹ 扉の取り替え

●開き戸から引き戸や折れ戸への交換、レバーハンドルへの交換、扉の開閉方向の変更、扉の撤去など

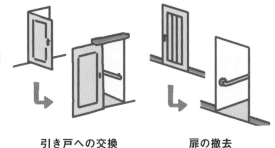

引き戸への交換　　　　**扉の撤去**

❺ 洋式便器への取り替え

●和式便器から洗浄機能付き便器への取り替えは可能（既存の洋式便器からの取り替えは支給対象外）

**和式便器から
洋式便器に
取り替える**

❻ その他の付帯工事

●その他❶～❺の住宅改修に付帯して必要となる住宅改修

◆ 住宅改修を行うタイミング

　身体の状態や家族の状況は**日々変化**していきますので、住宅改修のタイミングを見極めることは、実際のところ、非常に難しい判断になります。**予測や見通し**を綿密に立てて、慎重に進めていきましょう。

◆ 入院中に行うとき

　入院中に病院のスタッフ（理学療法士や作業療法士など）と一時帰宅した利用者とで**家屋調査**を行い、退院後の住宅についてあらかじめ改修しておく場合は、結果として**退院できなかったとき（死亡した場合など）は支給されない**ことに注意しなければなりません。

◆ 要介護認定の申請中に行うとき

　要介護認定の申請中であっても、住宅改修の事前申請を行うことはできます。ただし、**認定結果が「非該当」となった場合、改修費用は全額自己負担**になるので注意しましょう。

　認定結果が予測できない場合には、高額な住宅改修は退院後や認定結果が出た後で行うことも検討して、その間は**代替えとなる福祉用具の活用も有効**です。

◆ 市町村独自の助成制度も活用

　市町村によっては介護保険制度による住宅改修費とは別に、独自の住宅改修の助成制度を利用できる場合があります。

　🚩例 **流し・洗面台の取り替えなど**

よくある質問 ❸

理由書はケアマネジャーが書かなければいけないのですか？

Ⓐ 市町村により理学療法士や作業療法士、福祉住環境コーディネーター（２級以上）などでも認められていますが、利用者が居宅介護支援を受けている場合、担当のケアマネジャーが書くのが通常です。

よくある質問 ❹

改修箇所の優先順位はどうやって決めていけばよいのでしょうか？

Ⓐ 改修の種類によって費用の差も大きく生じるため、活動範囲や費用対効果などを総合的に判断し、福祉用具のレンタルや購入、他の介護保険サービスなどの活用も視野に入れて、段階的に改修していくことが有効です。

◆ 住宅改修が必要な理由書

　理由書とは、住宅改修を行うことによって、いかに利用者の自立支援が促進されるかを書き記したものです。

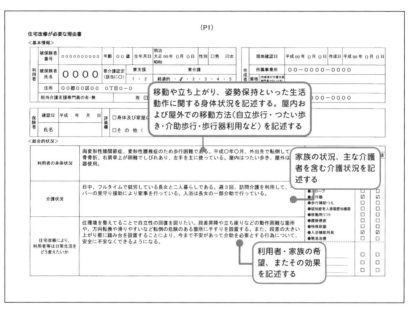

移動や立ち上がり、姿勢保持といった生活動作に関する身体状況を記述する。屋内および屋外での移動方法(自立歩行・つたい歩き・介助歩行・歩行器利用など)を記述する

家族の状況、主な介護者を含む介護状況を記述する

利用者・家族の希望、またその効果を記述する

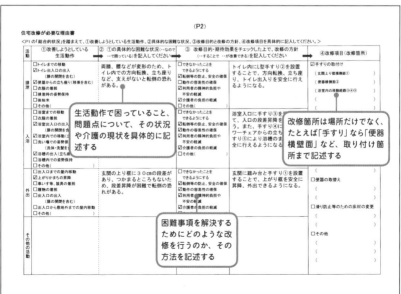

生活動作で困っていること、問題点について、その状況や介護の現状を具体的に記述する

改修箇所は場所だけでなく、たとえば「手すり」なら「便器横壁面」など、取り付け箇所まで記述する

困難事項を解決するためにどのような改修を行うのか、その方法を記述する

訪問看護を医療保険から使う

疾病によって訪問看護が優先、40歳から介護保険の対象となる、週4回以上の訪問看護（医療）可能、難病医療費助成など、制度が多岐に渡ります。

◇ 医療保険が優先される場合

　介護保険と医療保険は併用できません。原則、介護保険が優先ですが、**「厚生労働大臣が定める疾病」**の場合、**訪問看護は医療保険**になります。

　訪問看護の単位数を他のサービスに振り分けることで、十分なサービス量の確保も可能です。

◇ 厚生労働大臣が定める疾病

1	末期の悪性腫瘍	11	プリオン病
2	多発性硬化症	12	亜急性硬化性全脳炎
3	重症筋無力症	13	ライソゾーム病
4	スモン	14	副腎白質ジストロフィー
5	筋萎縮性側索硬化症	15	脊髄性筋萎縮症
6	脊髄小脳変性症	16	球脊髄性筋萎縮症
7	ハンチントン病	17	慢性炎症性脱髄性多発神経炎
8	進行性筋ジストロフィー症	18	後天性免疫不全症候群
9	パーキンソン病関連疾患（進行性核上性麻痺、大脳皮質基底核変性症、パーキンソン病）※	19	頸髄損傷
10	多系統萎縮症（線条体黒質変性症、オリーブ橋小脳萎縮症、シャイ・ドレーガー症候群）	20	人工呼吸器を使用している状態

※ホーエン・ヤールの重症度分類がステージ3以上であって生活機能障害度がⅡ度またはⅢ度のものに限る。

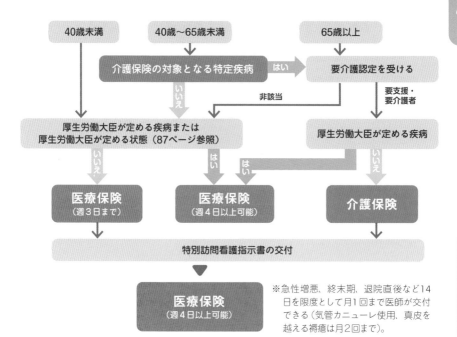

 内の図のテキスト:

40歳未満

40歳〜65歳未満

65歳以上

介護保険の対象となる特定疾病 → はい → 要介護認定を受ける

いいえ

非該当

要支援・要介護者

厚生労働大臣が定める疾病または
厚生労働大臣が定める状態（87ページ参照）

厚生労働大臣が定める疾病

いいえ

はい

はい

いいえ

医療保険
（週3日まで）

医療保険
（週4日以上可能）

介護保険

特別訪問看護指示書の交付

医療保険
（週4日以上可能）

※急性増悪、終末期、退院直後など14
日を限度として月1回まで医師が交付
できる（気管カニューレ使用、真皮を
越える褥瘡は月2回まで）。

◆介護保険の対象となる特定疾病

第2号被保険者（40歳から64歳の方）は、「**特定疾病**」（老化が原因とされる病気）
により介護が必要と認定された場合にサービスを受けることができます。交通
事故や転倒などが原因の場合は利用できません。

1	がん≪末期≫（医師が一般に認められている医学的知見に基づき回復の見込みがない状態に至ったと判断したものに限る）	9	脊柱管狭窄症
2	関節リウマチ	10	早老症（ウェルナー症候群）
3	筋萎縮性側索硬化症	11	多系統萎縮症
4	後縦靱帯骨化症	12	糖尿病性神経障害、糖尿病性腎症、糖尿病性網膜症
5	骨折を伴う骨粗鬆症	13	脳血管疾患（脳梗塞、脳出血等）
6	初老期における認知症（アルツハイマー病、脳血管性認知症等）	14	閉塞性動脈硬化症
7	パーキンソン病関連疾患（進行性核上性麻痺、大脳皮質基底核変性症、パーキンソン病）	15	慢性閉塞性肺疾患（肺気腫、慢性気管支炎等）
8	脊髄小脳変性症	16	変形性関節症（両側の膝関節または股関節に著しい変形を伴うもの）

基本ルール 医療費控除の対象となる介護サービス

医療費控除は医療費が年間10万円を超えた場合、所得税の一部が還付される制度です。福祉系サービスは医療系サービス併用の場合のみ該当します。

● 介護サービス費用などの医療費控除

　所得税の確定申告を行うと医療費控除の対象となる場合があります。その他、オムツにかかる費用も医療費控除の対象になります。

◆ 居宅サービス

サービスの種類		控除の対象
医療系サービス	・訪問看護 ・訪問リハビリテーション ・居宅療養管理指導	サービス費用の自己負担額
	・通所リハビリテーション	サービス費用と食費の自己負担額
	・短期入所療養介護	サービス費用と食費、滞在費の自己負担額
福祉系サービス	・訪問介護（生活援助中心型を除く） ・通所介護　・訪問入浴介護 ・短期入所生活介護	サービス費用の自己負担額
地域密着型サービス	・地域密着型通所介護 ・認知症対応型通所介護 ・小規模多機能型居宅介護 ・夜間対応型訪問介護 ・定期巡回・随時対応型訪問介護看護 ・看護小規模多機能型居宅介護	※ケアプランに組み入れている場合で、医療系サービス（医療保険の訪問看護を含む）と併せて利用した場合のみ

◆ 施設サービス

施設の種類	控除の対象
介護老人福祉施設	サービス費用と食費、居住費の自己負担額の1／2
地域密着型介護老人福祉施設入所者生活介護	
介護老人保健施設	サービス費用と食費、居住費の自己負担額
介護療養型医療施設・介護医院	

基本ルール 訪問介護の算定ルール

訪問介護は例外給付や行えるサービス内容、医療的ケアなど細かいルールが多数ありますが、すべて関連する法規などで確認することができます。

◆ 生活援助が認められる場合

以下の**いずれかの場合**には、ケアプランに位置づけることで算定が認められます。

❶**ひとり暮らしである。**
❷**同居家族が障害や疾病などの理由により、家事を行うことが困難な場合**
❸**その他やむを得ない事情により、家事が困難な場合**

※やむを得ない事情とは、以下の場合を指します。

- 家族が高齢で筋力低下し、難しい家事がある。
- 家族が介護疲れで共倒れなど深刻な問題の起きるおそれがある。
- 家族が仕事で不在時に行わないと、日常生活に支障をきたす。

（その他の要件など判断に迷った場合には保険者に相談しましょう）。

◆ 通院時における院内介助

以下の❶〜❸**すべての条件を満たした場合**は、例外的に算定が認められます（診察室、透析室内など医療機関関係者の管理下にある場所での介助を除きます）。

❶**適切なケアマネジメントを行っている。**
❷**院内スタッフなどによる対応が難しい。**
❸**利用者が介助を必要とする心身状態にある。**

- 院内の移動に介助が必要
- 認知症その他のため、見守りが必要
- 排泄介助が必要など

◆ 生活援助に含まれないもの

　以下の行為は、一般的に生活援助の範囲に含まれません。依頼された際は、代替えとなる自費サービスや地域の有償ボランティアの情報提供を行います。

❶商品の販売や農作業など生業の援助的行為
❷直接本人の援助に該当せず、家族の利便を満たす、または家族が行うことが適当な行為

来客へのお茶出し

洗車

家族分の家事

※その他、家族に関わる洗濯、買い物、布団干しなど

❸日常生活の援助に該当しない（日常の家事を超える）行為

草むしり

ペットの世話

家具や家電の移動

留守番

金銭・貴重品の取り扱い

室内外家屋の修理

大掃除

※その他、窓のガラス磨き、床のワックスがけ、ペンキ塗りなど

◆ 生活援助の1か月の回数制限

要介護1	要介護2	要介護3	要介護4	要介護5
27回	34回	43回	38回	31回

※上限を超える場合はケアプランを市町村に届け出ることが義務づけられます。

◆ 散歩外出が認められる場合

以下の❶～❸**すべての条件**を満たした場合は、ケアプランに位置づけることで算定が認められます。

❶自立支援、ADL向上の観点から安全を確保しつつ常時介助できる状態で行う（「**自立生活支援のための見守り的援助**」に該当）。
❷ケアプランの**長期または短期目標に示された**目標を達成するために必要な行為である。
❸保険者が**個々の利用者の状況等**に応じて必要と認める。

◆ 2人ヘルパーが認められる場合

以下の**いずれかの場合**には、利用者・家族などの同意を得ることで算定が認められます。

❶**利用者の身体的理由**により1人のヘルパーによる介護が困難と認められる場合
🟡例 体重が重い利用者に入浴介助などの重介護
❷**暴力行為、著しい迷惑行為、器物破損行為**などが認められる場合
❸その他、利用者の状況などから判断して❶または❷に準ずると認められる場合
🟡例 エレベーターのない建物の2階以上の居室から歩行困難な利用者を外出させる介護

※**不適切な例**
🟡例 単に安全確保のために深夜の時間帯に2人のヘルパーによるサービス提供を行った。
🟡例 ヘルパーの引継ぎのために2人で訪問した。

◆ 痰の吸引や経管栄養を行う場合

2012年、「社会福祉士及び介護福祉士法」の一部改正により、一定の研修を受けた介護職員は「**認定特定行為業務従事者**」として認定され、都道府県に登録された「**登録特定行為事業者**」より「**特定行為（介護職に認められた医療行為）**」（162ページ参照）である**痰の吸引**と**経管栄養**を行うことができます。

サービス併用の
算定ルール

細かいルールも根拠から確認していくと理にかなっていることが
わかってきます。併用条件は複数のサービス事業所に関係するこ
とです。細心の注意を払いましょう。

◯ ショートステイを利用する場合

◆ショートステイの連続利用は30日まで

30日を超える日以降に受けたサービスについては算定しません。

◆ショートステイの利用日数は認定期間のおおむね半数まで

ショートステイは在宅生活を継続していくうえで利用するものであり、ケア
プランでは、特に必要な場合は除き、保険対象の利用日数が認定期間の**概ね半
数**を超えないことを目安とします。

 ワンポイントアドバイス

保険者に確認しよう

　利用者や家族の状況から31日を超えてショートステイを利用せざる
を得ないケースや、認定期間の半数を超えてしまうケースについては保
険者などに問い合わせてみましょう。

※利用者の心身の状況及び本人、家族等の意向に照らし、この目安を超
　えてショートステイの利用が特に必要と認められた場合においては、
　これを上回る日数のショートステイをケアプランに位置付けることも
　できます。

●長期利用者に対する減算（要介護の場合）
　・連続して31日から60日利用する場合　－30/日。
　・連続して61日以上利用する場合は介護福祉施設サービス費と同単位
　　数（併設型は介護福祉施設サービス費以下の単位数になっているためにさ
　　らなる減算なし）。

◆ 居宅サービスの併用利用

◆通所リハビリテーションと訪問リハビリテーションは併用OK

ケアマネジメントの結果、必要と判断された場合は併用可能です。ただし、同様のサービスが通所リハビリテーションで担保されるのであれば、通所リハビリテーションを優先すべきものです。

◆訪問介護と訪問看護・訪問リハビリテーションの同時訪問

利用者の心身の状況や介護の内容に応じて、同一時間帯の利用が介護のために必要と認められる場合（入浴介助など）。

◆ 施設と居宅サービスの同日利用

施設	算定	居宅サービス	
介護老人保健施設	△（入所日）	医療系 サービス	☆訪問看護 訪問リハビリテーション 居宅療養管理指導 通所リハビリテーション
介護療養型医療施設 介護医療院	×（退所日）		
短期入所療養介護	△	福祉系 サービス	通所介護
	○		訪問介護 訪問入浴介護
短期入所生活介護	○ △	医療系・福祉系サービス	

○同日に算定できる　　△算定できるが、機械的に組み込むことは適切ではない
☆厚生労働大臣が定める状態（特別管理を行う状態）にある場合に加えて、主治医が必要と認める場合は算定可

【厚生労働大臣が定める状態】

❶在宅悪性腫瘍患者指導管理を受けている状態	❾在宅自己導尿指導管理を受けている状態
❷在宅気管切開患者指導管理を受けている状態	❿在宅持続陽圧呼吸療法指導管理を受けている状態
❸気管カニューレまたは留置カテーテルを使用している状態	⓫在宅自己疼痛管理指導管理を受けている状態
❹在宅自己腹膜灌流指導管理を受けている状態	⓬在宅肺高血圧症患者指導管理を受けている状態
❺在宅血液透析指導管理を受けている状態	⓭人工肛門または人工膀胱を設置している状態
❻在宅酸素療法指導管理を受けている状態	⓮真皮を越える褥瘡の状態
❼在宅中心静脈栄養法指導管理を受けている状態	⓯点滴注射を週3日以上行う必要があると認められる状態
❽在宅成分栄養経管栄養法指導管理を受けている状態	

【厚生労働大臣が定める区分】（54ページ参照）

特別管理加算（Ⅰ）：❶～❸　　　特別管理加算（Ⅱ）：❹～⓯

コラム 法令を学ぶ理由

　仕事をしていく上で、自治体や包括など関係機関に問い合わせる機会も多くあると思います。その際の先方からの回答が、「ダメなものはダメです」「Q＆Aにこう書かれていますから」などで、みなさんは納得できますか。ダメな根拠は何ですか？　Q＆Aの回答の根拠はいったい何ですか？　私が法令を勉強しようと思ったきっかけは根拠をきちんと伺って自分自身が納得したかったからでした。

　生活保護受給者は自費ベッドの貸与が認められない。私が勤めていた自治体ではなぜかそれが当たり前のこととして取り扱われてきました。実際に要介護2未満の受給者でベッドが必要な場合は、簡易ベッドを量販店で購入する、本人が調達するのが困難な場合は、本人に代わってケアマネジャーが買ってきたりするなど一苦労でした。しかし、そもそも、自費ベッドの貸与は介護保険外の民間のサービスなので、貸与することに何の制限もありません。

　なぜ、そのような不思議なルールが存在し続けたのか。疑問を投げかけていくなかで、実は、生活保護を管轄する部署が介護保険制度を誤解していたことがわかってきたのです。自費ベッドは業者が10割負担で貸しているものと勘違いしていて、それでは受給者の生活費を圧迫してしまうからという認識だったそうです。そこから一年近くにわたって関係部署との交渉を行って、正式に自費ベッドを貸与してもなんら問題はないことを文書に謳ってもらいました。

　これは一例ですが、長年まかり通ってきたルール、いわゆるローカルルールのようなものの根拠が実は曖昧であったり、隣接する自治体では聞いたことがないけどということも多々あります。そのようなとき、法令に精通していなければ、先方の言われるままで泣き寝入りになってしまいます。法令は私たちが仕事をする上で強力な武器です。感情的にならずに冷静沈着に話し合いで解決していきましょう。

3章

他職種との
コミュニケーション

サービス担当者会議

サービス担当者会議は、利用者・家族を取り巻く関係者が一堂に会する場です。コミュニケーションを深める絶好の機会なので、上手に活用しましょう。

1		2		3		4
サービス担当者会議	▶	ケアプラン同意・交付	▶	サービス利用開始	▶	モニタリング

◆ サービス担当者会議の目的

❶利用者の状況・状態などに関する**情報共有**を行う。

❷課題の解決や目標について、担当者の専門的な立場からの**意見交換**のもとで**ケアプランの合意**を得る。

❸定期的に顔を合わせることで**ケアチームの連帯感**を深める。

◆ サービス担当者会議の準備

◆ 各事業所に対して、日時・場所などの連絡を行う

❶日時　❷開催場所（自宅でなくても可）　❸検討内容　❹会議出席者名

◆ 欠席者に照会

欠席する担当者に向けて、全体で共有すべき情報や課題などを照会し、回答を文書などで整えておきましょう。

◆ 検討内容の通知

事前に担当者に議題（内容）を伝えて、情報収集をしておきます。

🔖**例** サービス提供が可能な空き情報、入浴やリハビリなどを行う際の注意点やバイタルの許容数値など

※事前に会議のテーマを限定せずに、当日の意見交換から新たな課題を見つけていく手法が有効な場合もあります。

◆ サービス担当者会議の進め方

　貴重な時間を有効に使うために手際よく進行し、予定時間内に一定の結論に至るよう心がけましょう。時間は1時間程度を目安にするとよいでしょう。

❶参加者の**自己紹介**（メンバー紹介は利用者から行います。挨拶もお願いするとよいでしょう）

❷利用者の**状況・状態**等の確認

❸具体的な**サービス内容**などについての意見交換（利用者・家族からの意見を引き出しましょう）

❹ケアプランの**同意、交付**

※事業所間の名刺交換は、会議終了後に行いましょう（開始前にしていると、利用者・家族は取り残された印象を抱いてしまいます）。

コラム　サービス担当者会議の場づくりのコツ

　サービス担当者会議は、お互いに本音で話せる関係を築く絶好の場でもあります。ケアマネジャーは積極的にその仲介役を担いましょう。

❶会議が利用者宅で行われるときは、利用者がふだん過ごしている場所で行うのがおすすめです。隣に座る人にも配慮して、利用者・家族が緊張しないで話せる雰囲気を演出します。

❷担当者の自己紹介に続いて、ケアマネジャーがコメントをつけ加えてみましょう。その後の話が滑らかになります。

❸専門用語などで利用者・家族が理解できていないときには、さりげなく言い換えたり、「わかりやすく言うとどうなりますか？」と、いつも利用者・家族の立場から発言するように心がけてください。

ケアプラン 第4表 サービス担当者会議の要点

第4表は具体的な内容を書き記す帳票です。散文的にならないよう箇条書きにするとよいでしょう。読み返したときに状況がすぐわかることがポイントです。

◆ 検討した項目

会議の開催理由、検討項目を書きます。わかりやすいよう通し番号をふるとよいでしょう。

欠席者に照会した年月日、内容、回答なども記載しておきます。

◆ 検討内容

検討項目ごとに対応した内容を書きます。

サービス内容だけではなく、提供方法、留意点、頻度、時間数なども記載しておきます。

◆ 結論

検討した結果、まとまった結論を書きます。

連携の確認、計画の開始時期なども記載しておきましょう。

ワンポイントアドバイス

要点の活用術

第4表の交付義務はありませんが、特に、欠席者に対して交付することで、欠席者も照会内容の会議結果を知ることができます。また、出席者にも要点を見直してもらうことで、ケアマネジャーの視点の理解を深めてもらうことができます。

ケアプラン
モニタリング

モニタリングは、ケアプランを検証できる大切なプロセスです。定期訪問とサービス事業所へのモニタリングを組み合わせることで、雑談に終わらない効果を得ることができます。

◆ モニタリングの目的・手法

運営基準において以下のことが定められています。

- 少なくとも月に1回、居宅を**訪問**し、利用者に面接すること
- 少なくとも月に1回、モニタリングの**結果を記録**すること

※特段の事情（入院、入所など利用者の事情）を除く。ケアマネジャーの事情は含まない。
※テレビ電話などを活用したモニタリング可（ただし、少なくとも2か月に1回は居宅を訪問すること）

◆ モニタリングの目的

- 利用者の**体調**、**気持ち**、**暮らし**、**家族の介護疲労**などの確認・評価
- サービスの**利用状況**、**満足度**、**適正度**、**目標達成度**などの確認・評価
- **今後の予測**、**ケアプラン変更の必要性**などの確認・評価

◆ モニタリングの手法

- 訪問面接によるモニタリング
- サービス事業所へのモニタリング（報告書、電話、立ち合いなど）

 ワンポイントアドバイス

モニタリングは情報収集の絶好のチャンス

　ヘルパーの訪問実施記録やデイサービスなどの連絡帳を確認することから利用者の1か月の様子がわかってきます。また、デイサービス利用中の見学などによって、自宅では言えない本音を利用者から聞くことができる場合もあります。さまざまな機会を通して利用者・家族のモニタリングを行い、よりよいケアプランに結びつけていきましょう。

ケアプラン変更の流れ

モニタリングにより新たな課題が見つかれば、再アセスメントを行います。ケアマネジメントは、このようにして循環していきます。軽微な変更についても理解しておきましょう。

◆ ケアマネジメントプロセス

　利用者の状態、サービスや頻度、内容が変化したときなどには以下の一連のプロセスを経る必要があります。

◆ 運営基準減算

　一連のケアマネジメントプロセスにおける以下の項目が**適切に行われていない場合**には介護報酬が減算されます（1か月 **50%**、2か月以降 **100%**）。

※サービス担当者会議、交付等の未実施は解消に至った前月まで減算。

❶ケアプラン新規作成時・モニタリング後の変更時

●**アセスメントの実施**（居宅を訪問し、利用者・家族に面接し課題を把握）

●**サービス担当者会議の開催など**（情報共有と専門的意見聴取）

※「やむを得ない理由がある場合」には照会などによる意見聴取としてもよい。

・開催の日程調整を行ったが、担当者の事由により参加が得られなかった場合

・利用者の状態に大きな変化が見られない等における軽微な変更の場合など

●**利用者・家族、担当者に対して原案の説明、文書による同意を得た確定プラン交付**

❷モニタリングの実施

●**少なくとも1か月に1回、居宅を訪問して利用者に面接、結果を記録**

❸認定の更新・変更時

●**サービス担当者会議の開催など**（ケアプラン変更の必要性について）

※「やむを得ない理由がある場合」には照会などによる意見聴取としてもよい。

・開催の日程調整を行ったが、担当者の事由により、参加が得られなかった場合

・ケアプランの変更から間もない場合で利用者の状態に大きな変化が見られない場合など

◆ ケアプランの軽微な変更

　利用者の希望によるケアプランの軽微な変更（サービス提供日時の変更など）を行う場合は、一連のケアマネジメントプロセスは必須ではありません。

サービス提供の曜日変更	利用者の体調不良や家族の都合などの臨時的、一時的なもので、単なる曜日、日付の変更のような場合
サービス提供の回数変更	同一事業所における週１回程度のサービス利用回数の増減のような場合
利用者の住所変更	利用者の住所変更
事業所の名称変更	単なる事業所の名称変更
目標期間の延長	単なる目標設定期間の延長を行う場合（ケアプラン上の目標設定（課題や期間）を変更する必要がなく、単に目標設定期間を延長する場合など）
福祉用具で同等の用具に変更するに際して単位数のみが異なる場合	福祉用具の同一種目における機能の変化を伴わない用具の変更
対象福祉用具の福祉用具貸与から特定福祉用具販売への変更	指定福祉用具貸与の提供を受けている対象福祉用具をそのまま特定福祉用具販売へ変更する場合
目標もサービスも変わらない（利用者の状況以外の原因による）単なる事業所変更	目標もサービスも変わらない（利用者の状況以外の原因による）単なる事業所変更
目標を達成するためのサービス内容が変わるだけの場合	第１表の総合的な援助の方針や第２表の生活全般の解決すべき課題、目標、サービス種別などが変わらない範囲で、目標を達成するためのサービス内容が変わるだけの場合
担当ケアマネジャーの変更	契約している居宅介護支援事業所における担当ケアマネジャーの変更（ただし、新しい担当者が利用者はじめ各サービス担当者と面識を有していること）のような場合

居宅介護支援等に係る書類・事務手続や業務負担等の取扱いについて（2021年3月31日　介護保険最新情報Vol.959）（※Vol.1213にて一部改正）より抜粋

連携 ヘルパーとの コミュニケーション

訪問介護は介護保険サービスのなかでよく使われるサービスのひとつです。生活に密着しているので、利用者・家族、ケアマネジャーとのより深いコミュニケーションが必要です。

◆ コミュニケーションのポイント

❶ サービス提供責任者を通して連絡を取り合う

行われている実際のケアがついつい、気になるところですが、サービス提供責任者ではなく、**ケアマネジャーとして関わっている自らの役割**を忘れてはいけません。ヘルパーのサービス提供時に訪問するときは、**事前に事業所に連絡して同行してもよいか聞く**とよいでしょう。

ただし、ケアプランや担当者会議で決まったことへの取り組みについては、きちんと把握・確認に努める必要があります。認知症状やADLの状態変化などへの対応や働きかけは、ケアマネジャーから積極的に聞きましょう。

❷ いつもと違うことは連絡してもらう

日常的に関わるヘルパーは、**利用者の些細な変化を発見しやすい立場**にいます。訪問介護事業所からの報告や相談を、迅速に他職種や関係機関に繋げていくことで、**チームケアの質を高めましょう。**

また、緊急時などには、直接ヘルパーから医療や事業所へ連絡することもあります。連絡先や優先順位を担当者会議などで確認しておくのもケアマネジャーの役目です。

◆ ケアマネジメントのために確認したい事柄

食事の状況	・献立や嗜好、食事形態、嚥下の状態など ・食事、水分量の観察チェック事項
排泄の状況	・パッドやオムツ、尿器、ポータブルトイレなど用具の活用、清潔の保持など ・尿や便の観察チェック事項
入浴の状況	・入浴方法、時間、福祉用具の活用など ・入浴時のバイタルサイン値、全身状態の観察など
家の中の様子	・適温、湿度の設定、動線の安全確保など ・郵便物、ゴミ処理などが滞っていないか
利用者の気持ち	・不安、痛み、困りごと、楽しみ、希望など
病気・急変時の対応	・病状、通院状況、身体状態の変化の観察チェック事項 ・緊急連絡先と連絡順番の確認
家族や近隣との関わり	・家族の関わりや介護負担、来訪者の出入り状況など ・外出頻度、活動が続けられているか

 ワンポイントアドバイス

楽しいことや生きがいに近づいてもらおう

　要介護度の比較的軽い段階から長期間に渡って日常的に関わるのがヘルパーという仕事の特徴の一つです。利用者の思いを聞き、ヘルパーが関わることで笑顔が出ると、お互いうれしい気持ちになりますし、やりたいことや最期の希望などをポツリとヘルパーに漏らしたりすることも多々あります。

　ケアマネジャーはそれらをくみ取ってケアプランにも反映させましょう。また、それらをチーム全体として共有することがヘルパーとしての仕事のやりがいにもつながります。

連携

看護職との
コミュニケーション

医療を必要とする人が地域で暮らしていくために、看護との関わりは外せません。看護職との良好なコミュニケーションが利用者・家族のニーズを満たすことにつながります。

◆ コミュニケーションのポイント

❶ケアマネジャーから積極的に関わる

ケアマネジャーは看護職に対して、役割分担や技能面から遠慮する傾向が見られますが、積極的にコミュニケーションを図ることで、身体状態の把握だけに留まらず、**ケア内容や方針についての理解も深める**ことができます。

一方で看護職も、限られたサービス提供時間ではわからない生活状況を、ケアマネジャーから情報を得ることで、**利用者に合った個別ケアを行う**ことが可能になってきます。

❷他職種との連携に力を借りる

介護職が行える医療的ケア（162 ページ参照）をはじめ、**看護職と介護職が役割分担して**限られた資源を最大限に活かせるよう連携を図りましょう。ヘルパーが不安に思っている医療的ケアに対して**看護職からのアドバイス**もお願いしましょう。

また、医療方針など主治医に対してうまく伝えられない利用者に代わって、同じ医療従事者として医療相談に乗ってもらえるよう、**利用者にとって身近なよき理解者**であるよう働きかけます。

◆ ケアマネジメントのために確認したい事柄

服薬	・内容と回数、飲ませ方の確認、注意事項（下剤や向精神薬、痛み止めなど頓用の薬の取り扱い） ・お薬カレンダーなどへの配薬の分担、一包化の提案 ・飲み忘れや誤薬があったときの対応
排泄	・便秘時の対応、下剤の種類と利用頻度、看護師の浣腸・摘便の日程など ・尿や便の観察チェック事項
皮膚	・褥瘡やかさつき、傷やあざ、むくみなどの状態と対処法
バイタル・体調	・バイタルサイン値で連絡する目安 ・睡眠が取れているか、睡眠剤の種類や使い方はどうか ・食事は取れているか、献立や形態はどうか ・日中の活動性、ADL（寝返り、起き上がり、立ち上がり、歩行など）やIADLの評価
病気・急変時の対応	・病気について、看護職に連絡・報告する目安 ・何が急変なのか、どこに注意したらよいか ・緊急連絡先と連絡順番の確認
吸引・胃ろうその他	・ヘルパーとの連携、実技指導の経験 ・吸引：回数、粘度や色、取り方・取りやすい方法（鼻右・左、口腔内の位置・深さ、気管切開など） ・胃ろう・腸ろう：栄養剤の種類や量、入れ方、経口の可能性と食事摂取の試み方など ・在宅酸素等の器具の取り扱い、利用者・家族への指導など

☝ ワンポイントアドバイス

自分の仕事を説明することもコミュニケーション

　病院などで一方的に指示を出してくる医療職が稀にいますが、その理由はケアマネジャーの仕事や介護保険制度を理解していないことがほとんどです。仕事や制度を説明することで納得を得ることも大切なコミュニケーションのひとつです。

連携 医師とのコミュニケーション

医師（医療）とのコミュニケーションの必要性は痛感しながらも苦手意識をもつケアマネジャーは多いのではないでしょうか。医師と連携することの意味を改めて考えてみましょう。

◆ コミュニケーションのポイント

❶簡潔に具体的に聴く

医師は基本的に多忙。また、3分診療という言葉に代表されるように、「簡潔に要点だけを押さえて原因を予測し、診断を下す」という訓練を日々積み重ねています。**確認したい内容はコンパクトに聞く**ようにしましょう。

「治らないのでしょうか……」などと漠然と聞くより「痛みがラクになる方法はありますか？」と**具体的に尋ねる**とよいでしょう。

❷客観的事実やデータが好まれることを理解する

医師は「暮らしや生活を考えて……」「これまでのライフスタイル……」などという話を具体的に理解するのが難しいことがあります。自身の職業的な専門性とは関係ない領域の話と思っているからかもしれません。

医師に話すときには「以前は○○だったが、××に変化してきた」など、**状態を事実や数値で表現する**ほうが伝わりやすいでしょう。

❸本人、家族の意向や疑問を代弁する

利用者（患者）本人や家族のなかには、医師が言うことに疑問や不安を感じながらも、直接言えないという人もいます。本当に経管栄養にしなければいけないのか？ 療養型病院しか行くところがないのか？ 身体抑制はやむをえないのか？ などなど。

ケアマネジャーは求めに応じて、**本人や家族の意向や疑問を代弁**したり、**本人たちを後押し**して自ら尋ねることができるように支えましょう。

◆ ケアマネジメントのために確認したい事柄

生活上の注意点	・ふだんの生活を送るうえで特に知っておいたほうがよいこと ・入浴やリハビリなどを行う際の注意点
服薬	・内容と重要度（飲み忘れがあってもやむを得ないか） ・服薬の回数や量を減らせないか（薬の飲み忘れが増えたり、ヘルパーの訪問回数が限られているなどの場合など）
緊急時の対応	・急変時に入院できるか ・連携協力病院はどこか
ふだんの連絡方法	・通院や訪問診療時に同席するほか、連絡できる方法
予後	・これからの見通し ・食事や排泄、ADLの見通し ・生活がどのように変化するか
利用者・ 家族の気持ち	・治療に関する利用者・家族の希望 ・ターミナル期についてどこまで説明しているのか
情報の共有	・在宅との情報共有（家での様子を伝える）の方法 ・通院、相談などのアクセス法 ・連絡票やSNSを使ったやりとりなど

 ワンポイントアドバイス

SNSとのつき合い方

　在宅医療の世界も医療介護専用SNSの普及により、医師をはじめとした多職種のコミュニケーションは以前よりずいぶん盛んになっています。

　一方で、情報交換と言いながら医療情報のみが飛び交い、利用者本人の知らないところで対応が決まってしまっていたという事態も起こっています。

　利用者がいる自宅は「生活の場」です。いきすぎた管理は、自宅を病院にしてしまいます。利用者不在のケア連携にならないよう、ケアマネジャーは肝に銘じておきましょう。

MSWとの コミュニケーション

連携

主に病院にいて、社会福祉の立場から医療を必要とする人を援助する MSW（医療ソーシャルワーカー）は、利用者が地域で暮らしていくために必要な情報とヒントの宝庫です。

◆ コミュニケーションのポイント

❶MSWが担っている状況を理解する

現在の病院は在院日数が限られ、病院ごとの機能分化により、特に急性期病院は長期間の入院はできません。

強制的に退院を迫られたときは「態勢が整わず難しい」と**強く交渉する**ことも必要ですが、基本的には病院と患者の意向を調整できる MSW の役割を理解して、**良好な関係を築く**ことが結果的に連携しやすくなります。

❷MSWとしての専門性を引き出す

MSW は基本的には**利用者の人権を守る担い手**として職能訓練を受けています。ただ、病院内では白衣を着ることが多く、病院都合の考えに固執したり、場合によっては権威的になっていることもあるようです。

ケアマネジャーは MSW 本来の専門性に期待して、相談したり、働きかけましょう。地域の患者会や専門職の団体の集まりに誘って関係を深めるのも有効です。

❸退院後の生活イメージを共有する

MSW は自病院も含めて、他の医療機関や施設の情報、医療保険制度などについて詳しいので、積極的にそれらの**情報や知見を引き出しましょう**。利用者にとって選択肢を増やすことにつながります。合わせて、病院の特徴、さらに医師それぞれの事情や個性、考え方なども教えてもらうと、直接アプローチするときに役立ちます。

ケアマネジャーからも入院前の情報などを積極的に伝えてリハビリに取り入れてもらったり、退院に向けてカンファレンスの開催をお願いするなど、**退院後の生活のイメージを共有していきましょう**。

◆ ケアマネジメントのために確認したい事柄

利用者の状況	・入院中の食事、排泄、清潔、移動の状況など
退院時の状態の見通し	・身体状態の回復の状況 ・本人の暮らしぶりや居住環境、家族介護力を伝え、相談 ・退院時に看護サマリーの提供依頼
服薬・栄養管理	・自宅での生活の留意点
情報の共有	・在宅との情報共有（家での様子を伝える）の方法 ・通院、相談などのアクセス方法 ・連絡票やSNSを使ったやりとりなど

◆ 居宅介護支援の加算（その②）

入院時情報連携加算Ⅰ（入院日）	＋250／月
入院時情報連携加算Ⅱ（翌日・翌々日）	＋200／月

※加算Ⅰは入院日以前、営業時間後または営業日以外に入院の翌日含む。
※加算Ⅱは営業時間後に入院から3日目が営業日以外の場合はその翌日含む。

退院・退所加算Ⅰイ（カンファレンス参加なし・連携1回）	＋450
退院・退所加算Ⅰロ（カンファレンス参加あり・連携1回）	＋600
退院・退所加算Ⅱイ（カンファレンス参加なし・連携2回）	＋600
退院・退所加算Ⅱロ（カンファレンス参加あり・連携2回）	＋750
退院・退所加算Ⅲ　（カンファレンス参加あり・連携3回）	＋900

※病院等職員と面談し情報提供を受けケアプラン作成、サービス調整を行った場合。
※初回加算を算定する場合には算定しない。
※入院入所中につき一回を限度。

緊急時等居宅カンファレンス加算　※月2回限度。	＋200／回

ターミナルケアマネジメント加算	＋400／月

※終末期医療やケア方針の意向を把握したうえで、死亡日と死亡日前14日以内に2日以上、在宅を訪問した場合。

通院時情報連携加算　※月1回限度。	＋50／月

※医師または歯科医師の診療に同席する場合。

その他の職種との
コミュニケーション

利用者が自分らしく生活することを支援する職種は、多岐にわたります。ケアマネジャーは、それぞれの職種と円滑に関わっていくことが必要です。

リハビリ職とのコミュニケーション

退院時には特に、リハビリ職とのコミュニケーションは欠かせません。ケアマネジャーは、入院中のリハビリの様子を見学したり、退院前には自宅に来てもらって住環境の整備についてアドバイスをもらいましょう。そのうえで、在宅復帰後にどのような形でリハビリを継続していくか、**在宅のリハビリチームと病院のリハビリ職がスムーズな連携**を取れるよう、働きかけていきましょう。

◆コミュニケーションのポイント

❶生活と環境、道具の見極めをゆだねる。
❷機能回復の可能性と本人への働きかけの程度を確認する。
❸事業所間同士のリハビリメニューの工夫、情報交換をとりもつ。

◆ケアマネジメントのために確認したい事柄

環境の整備	・ADL、IADLを評価してベッド周り、トイレ、浴室、台所などの整え方 ・室内で伝い歩きをするための家具の移動 ・住宅改修についてのアドバイス（手すりの設置、段差の解消など）
福祉用具の選択	・杖や歩行器、車いすの選択とそれぞれの使い方 ・補助用具、自助具のアドバイス
身体機能・リハビリ	・関節や筋肉、痛みの状態、達成できるレベルの確認 ・どの程度動いてもらうのか、補助や介助の程度の確認 ・嚥下や言語、呼吸など個別訓練の内容と注意点
介護・医療との関わり	・移動や食事、排泄の場面で生活リハビリの実施 ・パーキンソン病やALSなど症状の理解と進行の共有

◆ 歯科医師とのコミュニケーション

　歯科医師による**訪問診療**や、医師の指示の下、歯科衛生士が居宅療養管理指導を実施して、**専門的な口腔ケア**（口腔衛生、口腔機能、口腔環境）などを行います。嚥下内視鏡検査（VE）による評価も在宅で行えます。**摂食・嚥下障害**などに対して、言語聴覚士や看護師、管理栄養士等の連携により安全に**口から食べられるケア**を行っていきます。

◆ ケアマネジメントのために確認したい事柄

治療	・治療費、期間、義歯の状態など
口腔ケア	・ブラッシング、義歯手入れの指導など
嚥下機能	・食事の形態や内容、食べ方、姿勢 ・嚥下訓練、経口摂取の相談など

◆ 管理栄養士とのコミュニケーション

　管理栄養士は食事内容の聞き取りから栄養や疾病の問題症状に対して、**栄養ケア**や指導を行います。**在宅訪問管理栄養士**は医師の指示の下、所属（契約）した病院、診療所、栄養ケア・ステーションなどから居宅療養管理指導を実施します。全国的にはまだ訪問する栄養士は少ないのが現状ですが、在宅高齢者の増加するなか、連携の必要性は高まっています。病院と違い、在宅では**行いやすい無理のない栄養管理方法**を利用者、家族などと一緒に考えていきます。また、訪問介護への調理指導も行います。

◆ ケアマネジメントのために確認したい事柄

食事の形態の相談	・飲み込みやすい形態、トロミやソフト食の活用
料理法や献立の工夫	・家族やヘルパーから調理について相談
栄養量、 バランス改善の方法	・栄養補助食や嗜好品の活用、好みの把握
病気への配慮や、 日常生活習慣病の予防	・糖尿病や腎機能障害、脳卒中、パーキンソン病などへの配慮
利用者の食習慣や 価値観の共有	・もともと食が細い、1日2食といった情報を伝える ・経管栄養などの選択、終末期の理解

◆ 薬剤師とのコミュニケーション

　薬剤師は、医師の指示の下、居宅療養管理指導を実施します。**薬の配達と服薬支援**にとどまりません。薬学的診断により、薬効や副作用の引き起こす可能性を考えながら、**利用者に起こりうる体調変化を予測**します。また、処方箋の内容を医師に問い合わせること（**疑義照会**）をはじめ、医師などへも積極的に連携を取ってもらうことで、利用者が在宅での療養生活を安心して継続できます。

◆ ケアマネジメントのために確認したい事柄

処方薬の確認	・きちんと服薬しているか ・自宅に残っている薬の確認と整理
処方の見直し	・薬の見直し、一包化、減薬の相談
お薬カレンダー	・薬を届けるだけでなく、カレンダーにセットしてくれる場合もあり ・訪問看護との分担確認
薬の形態、服薬の工夫	・利用者の飲み込みレベルに応じた薬の形態（粉末、シロップなど）の選択 ・服用方法
誤薬時の対応	・飲み忘れた場合、すぐ服用する必要があるか、追加して服用するか、1回とばしても大丈夫か
下剤や睡眠剤、痛み止めなど頓用の相談	・薬の調整がうまくいかないときの対応・使い方

☞ ワンポイントアドバイス

ケアマネジャーの強みを活かして

　多岐にわたる職種とのコミュニケーションは、まずは何をする職種で、何を強みにしているかを知ることから始まります。そしてケアマネジャーの強みはそれぞれの職種を広く知ることであり、それぞれの専門的知識を聞ける立場にあることです。

連携 地域包括・行政とのコミュニケーション

監査などで怖いイメージがあるかもしれませんが、行政は困難なケースのときなど、ともに動いてくれる強い味方です。気軽に相談できる関係になっておきましょう。

◆ コミュニケーションのポイント

❶一緒に動いて、助け合いの関係をつくる

地域包括支援センターや行政とは日頃の関わりが大事になってきます。生活保護のケースワーカーや、障害福祉の相談員も同様です。難しい利用者や家族との関わりには「一緒に動いてください」とお願いして、**常に連携を取る**ようにします。ケアマネジャーから積極的に細かい報告を上げて、**情報共有を図りましょう**。

❷公的な立場を活用する

公的機関は、利用者（被保険者）の暮らしを守る**最後の砦**です。介護保険にとどまらない場合は、行政の案件になります。緊急時の入居、虐待、家族間の複合的な課題など、ケアマネジャーは**ひとりで抱え込まない**ようにしましょう。

また、困難なケースに対応できるサービス事業所選びに困窮したときに、地域包括支援センターに相談してみることも有効です。

❸現場の理解を求めつつ、第三者の視点を尊重する

現場の実態はなかなか伝わらないもの。まずは**同行訪問**してもらいましょう。難しい場合は、利用者や家族と同行して**一緒に窓口に出向く**のもオススメです。たとえ見解が違ったとしても、**第三者の意見**として耳を傾けることで解決の糸口が見つかることもあります。

◈確認・相談のポイント

- 困難な利用者、家族への対応をお願いする。
- 家族関係や障害、児童など複数の課題への対応をお願いする。
- 虐待や緊急を要する場合の対応を相談する。
- 自らのケアプランについて相談する。
- 地域資源を使いたいときに相談する。

トラブル

トラブル・クレームへの
対応

ケアマネジャー業務に携わっていると日々、さまざまなトラブル、クレームに直面します。調整はケアマネジャーの仕事ですが、なによりひとりで抱え込まないことが鉄則です。

◆ サービス事業所間のトラブル

◆ 公平中立な立場に徹する

　ケアマネジャーの基礎資格はさまざまですが、他職種に対して**公平中立な立場**で向き合うことが大事です。職種間のトラブルの多くは、専門職がそれぞれ大切にしているところを主張し合うことで起こります。ケアマネジャーは、あえて**等距離でつき合い**、チームの誰かに肩入れするという姿勢は避けましょう。

　介護職・ヘルパーから「医者は生活を見ていない！」と意見が上がったときは診断してもらうだけではなく、こちらからも生活状況を伝えてみましょうと提案したり、看護職からの「自宅での入浴は危ない！　何かあったら困るし……」などという意見には、リスクに対する本人の理解を得たうえで、安全な入浴が実現できるように介助方法を工夫してみましょうと、一方的にリスク回避にだけに走らないようにします。

◆ 思いを共有してチームをまとめる

　どの職種も、利用者のよりよい暮らしをつくりたいという思いは共通しているはずです。ケアマネジャーは、その思いを共有し尊重したうえで、ヘルパーならではのこと、看護職でなくてはできないことなどを引き出し、**それぞれの強みを生かし、弱みを補って**チーム全体の能力を高めていきましょう。

「ヘルパーだけでは難しいので、知恵を貸してください」
「看護師で十分できない部分を、うまくサポートできないでしょうか」
「これまでの経験から、何かいい方法は考えられないでしょうか」など。

◆サービス事業所へのクレーム

◆双方の仲介に入ることで関係を修復する

「ヘルパーさんの掃除が雑」「ヘルパーさんがころころ変わる」「デイサービスで嫌なことを言われた」「デイサービスでやりたくないことをさせられた」など、**事業所のサービス内容に関するクレーム**には、いったん**事業所に事実確認を行い、事業所に改善をお願いして**利用者の納得を得ます。ケアマネジャーが双方の仲介に入ることで関係の修復を行いましょう。

ただし、事業所によっては、トラブルやクレーム処理自体をケアマネジャーの仕事としてすべて任せてくる場合があります。その際は、基本的には当事者同士で話し合って解決してもらうよう働きかけます。

◆あらためて介護保険制度の理解を求める

「頼んだことをしてくれない」「時間が短すぎる」などの**制度に関わるクレーム**に対しては、**利用者と一緒に、一つずつ確認する**ことが大切です。それでも納得をしてもらえないときは、利用者と一緒に役所を訪れて、窓口で一緒に制度の説明を受けてみるのもいいでしょう。

制度上、希望に沿うのは難しいことを納得してもらえたら、**代替え案を提案**してみます。自費サービスや有償ボランティアなどの社会資源も検討してみましょう。

ワンポイントアドバイス

併設事業所の強みを活かす

併設事業所へのクレームに対しても、ケアマネジャーは公平中立の立場で向き合うことが大切です。そのためにも、ふだんから馴れ合いの関係は慎み、一定の緊張感をもって関わりましょう。

一方で、自社だからこその強みは、クレームを比較的、初期段階で対処できることです。ふだんから風通しのよい職場づくりを心がけ、「報連相（報告・連絡・相談）」を徹底しましょう。

◆ ケアマネジャーへのクレーム

◆ 不安感の払しょくを心がける

「依頼したことをいつまでもやってくれない」「必要な情報を伝えてくれない」など、**ケアマネジャーの働きに関するクレーム**には、「いつまでに返答します」と**具体的な期日**を伝えるようにします。その際も途中経過を伝えるなど、こまめに連絡して利用者の不安感を払しょくするよう心がけます。

また、パンフレットを渡すだけではなく、ケアマネジャーの専門的な意見も伝えながら、**情報を整理して**利用者が判断できるよう配慮しましょう。

◆ 一人ひとりにきちんと向き合う

「話をきちんと聞いてくれない」など、**ケアマネジャーの関わり方に対するクレーム**には、時間の制約もありますが、強引に話をまとめようとせずに、利用者の話のペースに合わせましょう。ケアプランには利用者の意向などと記されていても、利用者は話を聞いてもらったという印象がないと感じています。当たり前のことですが、多くの利用者を受け持つケアマネジャーも利用者や家族にとっては、**ケアマネジャーは唯一ひとりだけ**なのです。

◆ ケアマネジャーを変える

いろいろ工夫を重ねても関係が改善されない場合は、ケアマネジャーを変更することも選択肢のひとつです。ケアマネジャーや事業所を変更しても、**利用しているサービスをそのまま継続することは可能**であることを伝え、利用者・家族、ケアマネジャー双方が納得できる方法を考えてみましょう。

☝ ワンポイントアドバイス

電話の受け方にも工夫を

利用者・家族は「こんなことをお願いしてもいいのだろうか」「何度も電話をかけるのは迷惑なのでは……？」と不安に思っているもの。電話の最後に「ご連絡ありがとうございました」とつけ加えると、利用者・家族はその後の電話がかけやすくなります。

◆ 執拗なクレームへの対応

◆ まずは相談、訪問も工夫する

ひとりで抱え込んではいけません。必ず同僚や管理者などに相談しましょう。管理者や事業所の責任者などと一緒に訪問するなどして、**双方が冷静に話せる状況**をつくります。突然の訪問は避け、必ず準備して訪問するようにしましょう。

◆ きちんと記録をとる

誤解を避けるため、聞き取った内容は詳細に記録に残しておきましょう。

> ◆聴き取りのポイント
> ....
> ◆相手の名前と連絡先
> ◆クレームの受け取り方法（電話・その場で・第三者を介してなど）
> ◆クレームの内容
> ◆聴き取った者の名前・月日・時間など

◆ 地域包括支援センターや行政に報告しておく

第三者に報告しておくことで、**情報の偏りを防止**できます。また、自分の対応にまちがいはなかったかなど、状況を客観的に見ることができます。

◆ 焦らずに、時間をかけて臨む

執拗なクレームは、心身ともに疲弊してしまいます。焦って解決しようとせず、第三者にも入ってもらって、時間をかけて冷静に対処していきましょう。

 ワンポイントアドバイス

決めつけず、悲観せず

クレームを受けると、真面目な人ほど自分を責めてしまいがちです。自分の心のケアにも配慮することを忘れないでください。
- 無理に正論を押しつけず、聞き役に徹してみる。
- 「事実」を確認する。
- 真摯な態度で向き合い、相手にレッテルは貼らない。
- 和解に至らなくても悲観しない。

◆ 家族間のトラブル

◆多様な考え方を理解することから始める

家族がデイサービスやショートステイを望んでいるが、利用者が利用に対して強い拒否感がある場合などです。

それぞれの意見を聴き取りながら整理します。**漠然としていた意見の相違をより具体的なもの**にしていきながら、一つずつ課題を解決していきましょう。感情的になってしまう場合は、いったん落ち着いてもらいましょう。もちろん、ケアマネジャーとして利用者の代弁をすることも忘れないように。

また、**長年にわたる家族間の確執が障害になっている場合**も多くみられます。その際は、ケアマネジャーとして、これ以上は踏み込まないという一線を引く必要もあるでしょう。

◆虐待には適切な対応をとる

虐待は身体的なものだけではなく、心理的虐待、介護放棄（ネグレクト）、経済的虐待など多岐にわたります。利用者や家族が虐待と意識していない場合もあります。関係機関に連絡、相談を行い、適切な対応をとりましょう。

利用者・家族宅を定期的に訪問するケアマネジャーは、これらの虐待を**早期に発見できる立場**にあることを忘れてはなりません。

緊急にショートステイを活用するなど、まずはいったん利用者と家族の距離を置いて、冷静に対処できる状況をつくることも大切です。

ワンポイントアドバイス

家族の代弁も忘れずに

利用者のいる前では、本音を言いだせない家族もいます。訪問の仕方を工夫したり、電話などで家族からも話を伺える環境を意図的につくり出しましょう。

介護負担を軽減することも大切なケアです。家族が疲弊することを望む利用者はいません。時には、家族の気持ちを代弁することも必要でしょう。また、「認知症の人と家族の会」など、全国各地にある当事者の会を紹介するのもケアマネジャーならではのフォローです。日頃から、地域の情報収集に努めてください。

高齢者虐待

高齢者虐待は高齢者の「人としての尊厳を傷つける行為」です。
2006年施行された「高齢者虐待防止法」は、高齢者虐待の防止
とともに、養護者（虐待者）への支援も謳ってあります。

◆ 高齢者虐待の種類

◆ 身体的虐待

暴力行為、または、外部と接触させないような行為

 ・叩く・つねる。　・無理矢理食事を口に入れる。
・四点柵や外から鍵を閉めるなどして身体拘束する。など

◆ 心理的虐待

高圧的な言葉や態度、無視や嫌がらせなどで苦痛を与えるような行為

 ・怒鳴る・ののしる。　　・侮辱を込めて子どものように扱う。
・排泄の失敗を嘲笑する。　・トイレに行けるのにオムツをあてる。など

◆ 性的虐待

本人の合意がなく性的な行為を行ったり、強要するような行為

 ・人前で排泄行為をさせる、オムツ交換をする。
・キス、性器への接触、セックスなどの強要。など

◆ 経済的虐待

同居かは問わず、財産や金銭の無断使用、本人の使用を制限するような
行為

 ・日常生活に必要な金銭を渡さない、使わせない。
・入院や受診、介護サービスなどに必要な費用を支払わない。など

◆ 介護・世話の放棄・放任（ネグレクト）

意図的か結果的かは問わず、介護や生活の世話を放棄・放任するような行為

 ・食事を与えない。　・オムツを交換しない。
・必要な医療や介護サービスを理由もなく使わせない。など

※**セルフネグレクト**は高齢者虐待防止法の虐待類型には含まないが、地域包
　括支援センターの権利擁護業務として関わる**虐待に準じた対応**を行う。

◆ 身体拘束の禁止

生命または身体を保護するため**緊急やむを得ない場合**を除いて、**身体拘束は禁止です**。施設介護では身体拘束の禁止について周知徹底されていますが、在宅介護では周知徹底がまだまだ足りていません。

◆ 身体拘束の具体例

❶ 徘徊しないように、車いすや椅子、ベッドに体幹や四肢をひも等で縛る。

❷ 転落しないように、ベッドに体幹や四肢をひも等で縛る。

❸ 自分で降りられないように、ベッドを柵（サイドレール）で囲む。

❹ 点滴・経管栄養等のチューブを抜かないように、四肢をひも等で縛る。

❺ 点滴・経管栄養等のチューブを抜かないように、または皮膚をかきむしらないように、手指の機能を制限するミトン型の手袋等をつける。

❻ 車いすや椅子からずり落ちたり、立ち上がったりしないように、Ｙ字型抑制帯や腰ベルト、車いすテーブルをつける。

❼ 立ち上がる能力のある人の立ち上がりを妨げるような椅子を使用する。

❽ 脱衣やおむつはずしを制限するために、介護衣（つなぎ服）を着せる。

❾ 他人への迷惑行為を防ぐために、ベッドなどに体幹や四肢をひも等で縛る。

❿ 行動を落ち着かせるために、向精神薬を過剰に服用させる。

⓫ 自分の意思で開けることのできない居室等に隔離する。

出典：2001年厚生労働省「身体拘束ゼロへの手引き」より抜粋

◆ 「緊急やむを得ない場合」に該当する3要件（すべて満たすことが必要）

❶ **切迫性**：利用者本人または他の利用者等の生命または身体が危険にさらされる可能性が著しく高いこと

❷ **非代替性**：身体拘束その他の行動制限を行う以外に代替する介護方法がないこと

❸ **一時性**：身体拘束その他の行動制限が一時的なものであること

- ●「緊急やむを得ない場合」の判断は関係機関全体で判断すること。
- ●身体拘束の内容、目的、時間、期間などを利用者、家族に**十分に**説明し、理解を求めること。
- ●身体拘束に関する記録を作成すること。

施設入居の
相談対応

施設入居の相談を受けたら

相談

施設か在宅かの二者択一ではなく、さまざまな施設活用の在り方を提案しましょう。ケアマネジャーとして日頃から施設の情報収集をしておくことが大切です。

相談の受け方

◆在宅生活が困難である理由を明確にする

まずは、新たな在宅サービスの調整や提案などで在宅生活の困難さを解消できないかを検討してみましょう。

それでも難しい場合には、困難となっている原因が解消されれば**在宅復帰**を希望するのか、**終の棲家**としての施設を希望しているかを確認しましょう。

◆家族と本人の意向が一致していることを確認する

利用者と家族の意向が一致していることが大前提なのですが、**一致していない場合も往々にしてあります。**そのときは、双方の考えを聞く場をセッティングし、まずお互いの本音を引き出しましょう。ケアマネジャーは、できる限りみんなが納得する結論に達することができるよう働きかけます。

有料老人ホームやサービス付き高齢者住宅など、施設の費用や中身は多岐にわたります。施設入居は非常にデリケートな決断なので、ケアマネジャーは、民間の紹介センターを案内するなどにとどめ、最終的な決断は利用者・家族にゆだねましょう。

◆施設を選ぶ基準

費用、疾病、心身状態の変化なども考慮して、選択肢を絞り込んでいきます。施設見学や体験入居なども参考になるでしょう。

- **生活スタイル**　自炊か食事希望、外出（散歩）・外泊許可、ペット可など
- **立地条件**　　　自宅か子どもの住まい近く、近所にスーパー（買物）など
- **医療依存度**　　医療費、入院時の施設費用支払い、看取り希望など
- **施設の中身**　　レクリエーション、認知症ケア、入浴頻度など
- **その他**　　　　身元引受人の選定、自宅の管理・処分、世帯分離など

◆ 施設への入居が決まったら

◆ 施設との打ち合わせは念入りに

　施設の相談員、施設ケアマネジャーなどと連絡をとって、利用者の在宅での生活の様子を詳しく伝えましょう。特に、食事、排泄方法などは、事前に細かい打ち合わせを行うことで、**施設でも質の高いケア**を受けることが可能になります。また、私物の持ち込み許可を確認して、**できるだけ自宅に近い環境**を整えることも大切なサービスです。

◆ 家族のフォローも忘れずに

　みんなで話し合って決めたこととはいえ、利用者を「施設に入れてしまった」と罪悪感にかられている家族は少なくありません。

　ケアマネジャーは、定期的な面会や外泊などで利用者と**新たな関係性が築けること**、特養ホームなどを終の棲家ととらえるのではなく、課題が解消すれば在宅に帰ってくることもできるなど、**下した決断を必要以上に重く考えない**ように家族をフォローしていきましょう。

　ワンポイントアドバイス

施設でのよき関わりのために

　施設入居する利用者に、デイサービスで撮った写真や、ヘルパーの寄せ書きなどをプレゼントしている事業所があります。

　利用者にとって思い出になるだけでなく、入居する側の施設職員にとっても利用者を知る大きな手掛かりになります。障害をもったり、介護が必要になる前の「その人」を知ることは、利用者への理解や共感、ひいては、施設職員との深い関わりを育むことにつながります。

　ケアマネジャーは積極的に、利用者の在宅での様子を伝えましょう。

介護老人福祉施設 （特別養護老人ホーム）

常時介護が必要で自宅での生活が困難な方が入居して、日常生活上の支援や介護を受ける施設です。通常、特養、特養ホームなどと呼ばれています。

介護老人福祉施設の概要

対象者	原則**要介護3以上**※。自宅での介護や生活が困難な方
スタッフ	医師（非常勤可）、看護・介護職員、ケアマネジャー、生活相談員など
医療との関係	医療保険を使って通院・入院ができます。**3か月**以上入院の場合は退所になることがあります。
申し込み	申込、面談等のあと、基準をもとに点数化します。その後、入所判定会議を経て、入居決定となります。

※やむを得ない事情があれば要介護1、2の方も入居できる場合があります。

地域密着型介護老人福祉施設入所者生活介護とは

　小規模**（29人以下）**の特養ホームです。地域密着型サービスのため利用できるのは施設がある市町村の住居者に限られます。

ユニットケアとは

　ユニットごとに顔なじみのスタッフによる**個別ケア**を行います。**個室と共同生活室（リビング）があることが条件**になります。比較的新しい施設に多くみられるケアの形ですが、創意工夫をすることで質の高い個別ケアを行っている従来型の施設も多くあります。

費用

　多床室、従来型個室、ユニット型準個室、ユニット型個室の順番で費用は高くなります。入居一時金は発生しません。月額費用は居住費、食事など込みで約5～15万円です。

※居住費・食費についての負担限度額が設けられています（67ページ参照）。

施設の類型 介護老人保健施設 （老人保健施設）

日常生活動作のリハビリなどを行いながら、在宅生活への復帰を目指す施設です。そのため、退所して家庭での生活ができるか定期的に検討します。通常、老健と呼ばれています。

◆ 介護老人保健施設の概要

対象者	**要介護1以上。**入院治療の必要はないが、自宅での療養が困難な方、看護やリハビリが必要な方など
スタッフ	医師（常勤）、看護・介護職員、リハビリスタッフ、ケアマネジャーなど
医療との関係	施設外の受診には、老健医師の許可が必要です。
申し込みの流れ	申込（診療情報提供書など）、面談等のあと、入所判定会議を経て、入居決定となります。
その他	在宅復帰を目指す施設のため、**入居期間は原則3か月から6か月ほど**です。ただ、実際には3か月より長期間入居していて、特養ホームの待機施設として利用している方も多いのが現状です。

◆ 費用

居室タイプよって費用は異なります。入居一時金は発生しません。特養ホームに比べると料金は多少高くなります。月額費用は居住費、食事など込みで約6〜20万円です。

※居住費・食費についての負担限度額が設けられています（67ページ参照）。

ワンポイントアドバイス

まずは老人保健施設からあたってみる

　困難ケースなど、在宅生活が徐々に難しくなってきているケースでは、特養ホームを待っている余裕はないため、まずは老人保健施設を探すなどの早めの対応が肝心です。受け入れ先が見つからない場合は、地域包括支援センターなどの関係機関にも協力を仰ぐことなども得策でしょう。

介護医療院

急性期の治療が終わり、病状は安定しているものの、長期間にわたり療養が必要な方が対象の施設です。以前の介護療養型医療施設と比べると、そこで生活することを重視したケアが行われます。

介護医療院の概要

対象者	**要介護1**以上。急性期は過ぎ病状は安定しているものの、まだ療養が必要な方が対象の施設です。急性期の治療が必要な人は入居できません。
スタッフ	医師、看護・介護職員、リハビリスタッフ、ケアマネジャーなど
申し込み	申込（診療情報提供書など）、面談等のあと、審査を経て入居決定となります。
その他	介護療養型医療施設は2024年3月末までの経過措置で廃止となりました。

費用

居室タイプによって費用が異なります。入居一時金は発生しません。月額費用は居住費、食事など込みで約7〜22万円です。

※居住費・食費についての負担限度額が設けられています（67ページ参照）。

ワンポイントアドバイス

「特養・老健・介護医療院」の一番の特徴

なによりも費用を抑えられるという点が特徴です。入居者の世帯所得に応じた費用となるため（p67参照）、家族などが施設費用を肩代わりする心配も減ります。施設の選択を検討する場合は、まずは費用面と施設の特徴をしっかりと把握することからはじめるとよいでしょう。

認知症対応型 共同生活介護（グループホーム）

認知症の方が、小人数（9人まで）で共同生活をしながら、食事、入浴、排泄などの生活支援を受けます。地域密着型サービスのため利用できるのは施設がある市町村の住居者に限られます。

◆ 認知症対応型共同生活介護の概要

対象者	**要支援2**以上で**認知症の診断**を受けた方（医師の診断書が必要）。施設のある地域に住んでいる（住民票がある）ことも必要です。
スタッフ	介護職員、ケアマネジャーなど（看護職の配置基準なし）
申し込み	申込、面談のあと入居決定となります。
その他	グループホームは在宅扱いですが、入居系サービスであるため、居宅療養管理指導以外の**居宅サービスの併用はできません**。特殊寝台などの準備は施設持ちか自己負担などとなります。

◆ 費用

入居一時金（0〜数十万程度）が発生します。月額費用は居住費、食事など込みで約12〜18万円です。

ワンポイントアドバイス

グループホームの選び方

認知症があっても、家事を分担するなど、役割をもって生活できるように配慮しているのがグループホームです。このような家庭的な雰囲気によって認知症の進行が緩和し、落ち着いて生活できるといわれています。入居前の検討ポイントは以下のとおりです。まずは、一緒に見学してみましょう。

❶食材の買い出しや一緒に調理するなど活発な活動を行っているか。

❷医療との連携はどうなっているか（医師・看護師がいないので）。

❸認知症が重度化した際の対応はどのようになっているか。

有料老人ホーム

有料老人ホームは、施設の設置に特別な規制がないため民間企業が数多く参入しています。入居費用も比較的低価格のものから高級志向のものまでさまざまです。

有料老人ホームの種類

有料老人ホームは、介護の必要度に応じて大きく以下の3種類に分類されます。

	介護付き有料老人ホーム	住宅型有料老人ホーム	健康型有料老人ホーム
対象者	主に要介護1以上	主に比較的元気な方	介護を必要としない健康な方
スタッフ	看護・介護職員など	基準なし	
サービス内容	「**特定施設入居者生活介護**」の指定を受けているので、日常生活、療養上の介護全般を24時間受けられる。※	介護が必要になったときはそれぞれの居宅サービスを契約	介護が必要になったとき退去しなければいけない場合がある。
その他	介護に重点をおいているので、共用施設が充実していないことがある。	居宅サービスを受けるので、自己負担額が高くなることがある。	元気な人が多いのでレクリエーションなどが充実している。

※施設職員がすべての介護サービスを提供する「**一般型**」と、ケアプラン作成や生活相談、見守りなどは施設が行い、実際の介護サービスは施設が委託した外部の事業者が提供する「**外部サービス利用型**」があります。

費用

入居一時金（0 ～数千万円以上）が必要です。月額費用は約10 ～ 40万円です。追加サービス、光熱費、電話料金なども自己負担となります。

施設の類型 サービス付き高齢者向け住宅

サービス付き高齢者向け住宅は、主に民間事業者で運営されるバリアフリー対応の賃貸住宅で、生活相談員が日中常駐しています。サ高住、サ付きと呼ばれています。

◆ サービス付き高齢者向け住宅の概要

対象者	自立～軽度の要介護者が主
サービス内容	**安否確認**と**生活相談**。「**特定施設入居者生活介護**」の指定を受けている施設では、介護付き有料老人ホームなどと同様のサービスを提供
設備	台所、トイレ、洗面、浴室が備わった居室が基本。食堂、共同リビングなどが設けられている施設もあります。
申し込み	申込、面談などのあと、契約となります。
その他	賃貸住宅であるため、介護付き有料老人ホームなどと比べると、比較的自由に外出することができます。

◆ 特定施設入居者生活介護の指定を受けたサ高住とは？

通常のサ高住は介護が必要になると、個別に事業者と契約を結び、居宅サービスを利用することになります。

一方、サ高住のなかには、「**特定施設入居者生活介護**」の指定を受けた施設（住宅）があります。この指定を受けたサ高住は、施設の中で食事・入浴・排泄などの介護サービスを介護保険を使って提供することができます。つまり、介護付き有料老人ホームとほとんど違いがないといってよいでしょう。

また、**入居定員が29人以下の場合は「地域密着型特定施設入居者生活介護」**となります。要支援1・2の方は利用できず、さらに地域密着型サービスなので利用できるのは施設がある市町村の住居者に限られます。

◆ 費用

通常、入居一時金は不要です。月額費用は約5～30万円です。その他、追加サービス（食事など）は自己負担となります。

施設の類型

ケアハウス

ケアハウスは、食事の提供や安否確認を行う施設です。費用負担が比較的軽く、軽費老人ホームとも呼ばれています。「一般型」のほか「特定施設」もあります。

ケアハウスの種類と概要

	一般型ケアハウス	介護型ケアハウス（特定施設）
対象者	家庭環境や住宅事情などにより自宅での生活が困難な、**原則60歳以上の方**	**要支援1以上の方** ※地域密着型特定施設の場合は要介護1以上
サービス内容	**食事の提供、安否確認**など。介護が必要になったときはそれぞれの居宅サービスを契約	「**特定施設入居者生活介護**」の指定を受けている施設と同様のサービスを提供
設備	台所、トイレ、洗面、浴室が備わった居室が基本。食堂、共同リビングなどが設けられている施設もあります。	
申し込み	申込、面談等のあと、入居が決定となります。	

費用

入居一時金（0～数百万）が必要です。月額費用は食費など込みで約7～15万円です。特定施設の場合は約8～18万円です。

ワンポイントアドバイス

ケアハウスを退居した後どうするか

ケアハウスはサービス付き高齢者住宅のように、外出の制限がなく比較的自由な生活が送れる反面、いずれ手厚い介護が必要な状態なってくると、次の居処を見つける必要が出てくる場合があります。ケアハウスを検討する際は、その先の見通しも立てておくことも必要でしょう。

5 章

社会保障制度を
プランに活かす

社会保障制度とは何か、その活かし方

社会保障

国が主体となって国民の生活を保障する社会保障制度は、利用者・家族の生活を守るセーフティネットの役割を果たしています。ケアプランに適切に活かしていきましょう。

◆ 社会保障制度の目的と種類

社会保障とは、病気やけが、老齢や障害、失業など、個人の責任や努力だけでは対応できないリスクに対して、国民所得の再分配機能を利用し、国家がすべての国民に最低水準の生活を確保させる政策のことです。具体的には、**社会保険、社会福祉、公的扶助、保健医療・公衆衛生**を総称したものです。

	目的	制度の例
社会保険	病気やけが、出産、死亡、老齢、障害、失業など困難に遭遇した場合に一定の給付を行い、生活の安定を図ることを目的とした強制加入の保険制度	**健康保険** **年金保険** **介護保険** **労働者災害補償保険**など
社会福祉	障害のある人、母子家庭など社会生活を送るうえでのハンディキャップを克服して安心して社会生活を営めるよう、公的な支援を行う制度	**児童福祉** **高齢者福祉** **障害者福祉**など
公的扶助	生活が困窮している人たちに対して最低限度の生活を保障し、自立を助けようとする制度	**生活福祉資金貸付制度** **生活保護**など
保健医療・公衆衛生	人々が健康に生活できるようさまざまな事項についての予防、衛生のための制度	特定健康診査 特定保健指導 健康増進事業など

福祉事務所

福祉事務所は、国や地方自治体が行う社会福祉サービスの相談機関です。都道府県および市には設置が義務づけられており、生活保護、高齢者、児童、母子、身体障害、知的障害などに関する**福祉サービスの相談**に応じるほか、**サービス利用開始の決定**、**調整**などを行います。

保健所

保健所は都道府県、政令指定都市、中核都市などに設置され、動物登録や母子保健、精神保健など、**地域住民の健康や衛生を支える公**的機関です。最近は、市町村保健センター、福祉事務所などと統合され「福祉保健所」「保健福祉センター」「健康福祉センター」などに変更されているところも増えています。

社会福祉に携わる機関・人

民生委員

民生委員（民生委員・児童委員）は、厚生労働大臣より委嘱された非常勤の地方公務員です（ボランティアなので給与は出ません）。自分が住んでいる**地域の住民の身近な相談相手**となり、支援を必要とする方と行政や専門機関をつなぐ**パイプ役**を務めたり、**情報提供・助言**などを行います。

社会福祉協議会

社会福祉協議会は、社会福祉法に規定された福祉の推進を図るために設置された民間の福祉団体で、都道府県・政令指定都市・市町村に設置されています。福祉事業の組織管理、地域福祉の推進、福祉サービス利用支援、在宅福祉サービスの実施など、**社会福祉・地域福祉に関わる活動**を幅広く行っています。

社会保障

成年後見制度

成年後見制度は、介護保険を補完する制度で、介護保険と合わせて利用者の生活を支える車の両輪と言われています。制度の内容を理解して、ケアプランに活かしていきましょう。

◆ 成年後見制度とは？

成年後見制度は、判断能力が不十分な高齢者などを支援することを目的とした制度です。**仕事は法律行為に関するものに限られており**、利用者の意思を確認しながら、本人と一緒、あるいは本人に代わって介護や福祉医療サービスの選択・契約などを行います。

成年後見人になるための資格はありませんが、利用者の家族のほか、司法書士、弁護士、社会福祉士など専門職が増えています。

選任は家庭裁判所が行い、辞任する際にも家庭裁判所の許可が必要です。

◆ 成年後見制度の種類

成年後見制度は判断能力の有無で2種類に分類できます（**任意後見・法定後見**）。判断能力が不十分になった場合は、その能力に応じてさらに**後見・保佐・補助**に分かれます。

種類		対象と内容
任意後見		**判断能力がある方**。判断能力が不十分になった場合に備えて、将来受けたい支援内容などを契約で決めておく。
法定後見	後見	**ほとんど判断能力がない方**。後見人には財産管理についての全般的な代理権、取消権がある。
	保佐	**判断能力が著しく不十分な方**。簡単なことであれば判断できるものの、法的な事柄に対しては援助が必要。本人が行った法的行為について本人の同意なしに取り消すことができる。
	補助	**判断能力が不十分な方**。大体のことは判断でき、本人が行った法的行為について本人の同意なしに取り消すことはできない。

成年後見人の仕事

成年後見人の仕事は、大きく**財産管理**と**身上監護**に分けることができます。

財産管理
日常的な生活費の送金、日用品の購入
銀行など金融機関との取引 （収入・支出の管理）
税務処理 （確定申告、納税など）
財産の管理・保存・処分 （処分には家庭裁判所の許可が必要）

身上監護
介護に関する契約 （要介護認定、施設入所契約の手続きなど）
医療に関する契約 （医療サービス、入院の手続きなど）
住居確保のための不動産の購入、賃借など

成年後見人の仕事に含まれないこと

成年後見人の仕事に含まれない（できない）ことは以下のとおりです。
- 日常生活品などの購入の取り消し
- **手術などの医療行為などに同意すること**
- 利用者の結婚や離婚、養子縁組など身分に関すること
- 連帯保証人になること
- 身元保証人になること
- 介護や掃除など直接行う事実行為
- 亡くなったあとのこと（原則、利用者の死亡で成年後見人は終了する）

よくある質問 ❶

家族が後見人になることはできますか？

🅐 できます。任意後見では申請件数の８割が家族や親族が後見人です。ただ、法定後見では、後見人の選任は家庭裁判所が行うので、家族は候補者として申し出ることはできても、選任される保証はありません。

よくある質問 ❷

毎月の報酬（費用）はどのくらいかかりますか？

🅐 法定後見では本人の財産や収支、業務内容を踏まえて家庭裁判所が報酬を決定します。任意後見では本人と後見人が合意して契約した金額が報酬となります。報酬は本人の財産から支出されます。

日常生活自立支援事業

日常生活自立支援事業は、判断能力が不十分な方が自分の意思で
福祉サービス利用援助契約を結び、援助内容を選択する制度です。
日常的な金銭管理の支援が可能であることが特徴です。

◆ 利用までの流れ

| 1 相談受付 窓口：社会福祉協議会 | ▶ | 2 訪問調査 | ▶ | 3 生活支援計画契約書作成 | ▶ | 4 契約締結 | ▶ | 5 利用開始 担当：生活支援員 |

◆ 日常生活自立支援事業の対象

　判断能力が不十分な認知症高齢者、知的障害者、精神障害者など、日常生活を営むのに必要な福祉などの諸サービスを利用するための情報収集、理解、判断、意思表示が本人のみでは適切に行うことができない方が対象です。

※具体的な援助内容が理解できないなど、契約能力がない方は対象ではありません。

◆ サービス内容

- **福祉サービスの利用援助**
  福祉サービスの情報提供や利用に関する援助
- **日常的金銭管理サービス**
  日常的な金銭管理への支援
- **事務手続きサービス**
  日常生活に必要な事務手続きの支援
- **書類預かりサービス**
  通帳、書類を預かる支援

◆ 費用

- 相談や支援計画の作成にかかる費用は無料
- 利用手続きやサービス利用は有料（実施主体によって料金は異なります）

※生活保護を受けている方は無料です。

社会保障

生活福祉資金

生活福祉資金貸付制度は、低所得者、介護を要する高齢者のいる世帯の自立支援を目的とした社会福祉制度です。2015年施行の生活困窮者自立支援制度と連携しています。

◆ 生活福祉資金の対象

低所得者世帯	必要な支援を受けることで自活できると認められる世帯で、必要な資金を他から借りることができない世帯
障害者世帯	身体障害者手帳、療育手帳、精神障害者保健福祉手帳の交付を受けた方のいる世帯
高齢者世帯	日常生活上療養、または介護の必要な65歳以上の方が属する世帯

◆ 生活福祉資金の種類

資金の種類	内容	貸付限度額	貸し付け条件
総合支援資金	生活支援費	2人以上　20万円以内／月 単身　　15万円以内／月	保証人あれば無利子。ない場合は年1.5%
	住宅入居費	40万円以内	
	一時生活再建費	60万円以内	
福祉資金	福祉費	580万円以内	
	緊急小口資金	10万円以内	無利子（保証人不要）
教育支援資金	教育支援費	高校　3.5万円以内／月 大学　6.5万円以内／月 など	無利子（保証人は原則不要）
	就学支度費	50万円以内	
不動産担保型生活資金	・不動産担保型生活資金 ・要保護世帯向け不動産担保型生活資金	評価額の70％程度	年3％または、プライムレートのいずれか低い比率

生活保護

生活保護は資産や能力などをすべて活用しても生活に困窮する世帯に対して、必要な保護を行うことで自立を助ける制度です。支給される保護費は、地域や世帯の状況によって異なります。

◆ 生活保護の種類

生活保護では経済的な負担が生じる場合を8種類に分けて扶助しています。このうち、介護保険と関わりがあるのは、**生活扶助**と**介護扶助**です。

◆生活扶助

食事、衣料、光熱費など、日常生活に必要な費用のための扶助で、原則金銭給付です。**介護保険料**も生活扶助からの支給となります。

◆介護扶助

介護サービスを受ける費用の自己負担分に対して支給される扶助で、現物給付です。「**介護券**」が発行されます。**原則として、支給限度内の利用**となります。

◆第1号被保険者・医療保険加入の第2号被保険者

介護保険（9割）	介護扶助（1割）

◆医療保険未加入の第2号被保険者（みなし2号）

介護扶助（10割）

「みなし2号」の方（被保険者番号の頭にHが付く）は、費用の全額が**介護扶助**となります。なお、障害者手帳がある場合は、障害者総合支援法による**障害福祉サービスが優先**されます（生活保護法の「補足性の原理」のため）。

総合
支援法

介護保険と
障害者総合支援法

障害者総合支援法には、訪問介護や居宅介護など介護保険と同種のサービスが存在するため、利用者の意思で自由に併用することはできません。比較しながら理解しておきましょう。

◆ 介護保険と障害者総合支援法の比較

		介護保険	障害者総合支援法
保険者（実施主体）		市町村	市町村
被保険者（対象者）		・第1号被保険者　65歳以上 ・第2号被保険者　40～64歳の医療保険加入者	・身体障害者・知的障害者・精神障害者 ・発達障害者・難病患者等（18歳以上は障害者、18歳未満は障害児）
要介護認定 （障害支援区分）	申請先	市町村	市町村
	調査項目	74項目	80項目
	審査会	介護認定審査会	市町村審査会
	認定	要支援1～要介護5の「7区分」	区分1～区分6の「6区分」
ケアマネジメント		居宅介護支援事業所、地域包括支援センターによるケアマネジメント	特定相談支援事業所等によるケアマネジメント
サービス		・介護給付　25種類 ・予防給付　15種類	・介護給付　9種類 ・訓練等給付　4種類
地域支援事業 （地域生活支援事業）		市町村（必須事業と任意事業）	市町村（必須事業と任意事業） 都道府県（必須事業と任意事業）
福祉用具		・福祉用具貸与（1割または2割負担） ・福祉用具購入（1割または2割負担）	・補装具（応能負担） ・日常生活用具（市町村が決定）
費用負担		保険料　50%　　公費　50% （国1/2、都道府県1/4、市町村1/4が原則）	公費　100% （国1/2、都道府県1/4、市町村1/4が原則）
計画		・都道府県介護保険事業支援計画（3年を1期） ・市町村介護保険事業計画（3年を1期）	・都道府県障害福祉計画（3年を1期） ・市町村障害福祉計画（3年を1期）
審査請求		介護保険審査会	都道府県（障害者介護給付費等不服審査会）
利用者負担		原則1割または2割（ケアマネジメントは無料）	応能負担（ケアマネジメントは無料）
利用者像		・65歳以上　98% ・40～64歳　2%	・身体障害者のうち65歳以上は69% ・精神障害者のうち65歳以上は34%
		両方利用できるときは「介護保険」優先	

障害者総合支援法 のしくみ

障害者総合支援法による支援は、自立支援給付と地域生活支援事業で構成されています。介護保険の対象になる方は、原則として介護保険サービスが優先されます。

◆ 利用申請からサービス利用までの流れ

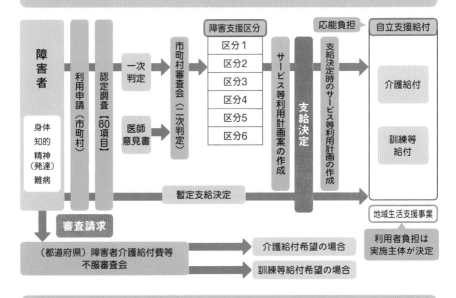

◆ 介護保険との関係

◆介護保険優先の原則（障害者総合支援法第7条）

- 重複するサービスは介護保険を優先する。
- 障害福祉サービス固有のものは障害者総合支援法を優先する（同行援護、自立訓練、就労継続支援など）。

◆障害福祉サービスと介護保険を併給する場合

- 市町村が利用意向を聞き取り、心身状況やニーズの多様性を踏まえて決める。
- 障害福祉サービスの支給量が介護保険を超える場合などは、併給することもある。

◆ 障害者を対象としたサービス

市町村

自立支援給付

介護給付
- 居宅介護（ホームヘルプ）
- 重度訪問介護
- 同行援護
- 行動援護
- 重度障害者等包括支援
- 短期入所（ショートステイ）
- 療養介護
- 生活介護
- 施設入所支援

相談支援
- 計画相談支援
- 地域相談支援

障害者・児

訓練等給付
- 自立訓練
- 就労移行支援
- 就労継続支援
- 就労定着支援
- 自立生活援助
- 共同生活援助（グループホーム）

自立支援医療
- 更生医療　育成医療
- 精神通院医療※
- ※実施主体は都道府県等

補装具

地域生活支援事業
- 理解促進研修・啓発
- 自発的活動支援
- 相談支援
- 成年後見制度利用支援
- 成年後見法人後見支援
- 意思疎通支援
- 日常生活用具の給付または貸与
- 手話奉仕員養成研修
- 移動支援
- 地域活動支援センター
- 福祉ホーム
- その他の日常生活または社会生活支援

支援

地域生活支援事業
- 専門性の高い相談支援
- 広域的な支援
- 専門性の高い意思疎通支援を行う者の養成・派遣
- 意思疎通支援を行う者の派遣にかかわる連絡調整　等

都道府県

出典：『障害福祉サービスの利用について（2018年4月版）』全国社会福祉協議会を改変

居宅介護

居宅介護は、利用者の障害の状況、環境に応じて、自宅で入浴、排泄、食事の介護、掃除・洗濯などの家事に関する支援など、生活全般にわたって支援を行うサービスです。

◆ 居宅介護の分類

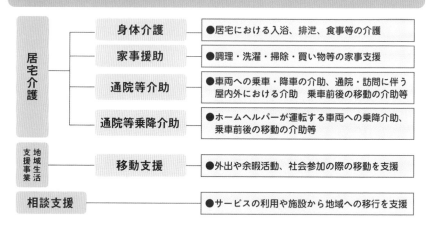

◆ 居宅介護の内容

- ●介護保険の「訪問介護」を障害福祉サービスでは「**居宅介護**」、「生活援助」は「**家事援助**」といいます。内容はほぼ同じですが、家事援助では障害当事者による行為を支援するために、特に育児支援など家族分の家事が認められる場合があります。

◆支給量

- ●支給量は障害支援区分を元に市町村が利用者ごとに決定します。
- ❶勘案事項を調査（地域生活、居住、日中活動、就労、介護者など）
- ❷サービス利用意向、要望の聴き取り
- ❸相談支援事業者の「サービス等利用計画案」を検討
- ●月当たりの身体介護、家事援助の時間数と、1回当たりの上限の時間数が決まり、受給者証に記載されます。

◆ 移動支援

　屋外での移動が困難な方が外出する際に、ヘルパーが付き添い、移動中や目的地において移動の介助、排泄、食事の介護などを行うサービスです。

- ●社会生活上必要不可欠な外出、または余暇活動等の社会参加のための外出が対象です。
- ●介護保険対象者も、介護保険にないサービス（余暇活動等の社会参加のための外出支援）については利用可能です。
- ●同行援護、行動援護サービスと併用することはできません。

◆ 社会生活上必要不可欠な外出とは

- ◆不定期な通院
- ◆保護者参観
- ◆冠婚葬祭など
- ◆銀行
- ◆美容・理容

◆ 余暇活動等の社会参加のための外出とは

- ◆余暇・スポーツ活動
- ◆墓参り
- ◆デパートでの買い物など

◆ 移動支援で利用できないもの

- ◆通勤など経済的な活動
- ◆宗教活動・政治的活動
- ◆ギャンブル・飲酒を主とする外出
- ◆デイサービスなど、通年かつ長期にわたる外出
- ◆他の福祉サービスを利用している間など

◆ 相談支援

◆ 計画相談支援

- ●相談支援専門員が利用者と相談し「サービス等利用計画案」を作成
- ●支給決定後、担当者会議を開き、事業者と調整して計画を作成
- ●サービスが開始され、その後モニタリングや連絡調整を継続

◆ 地域相談支援

- ●施設入所者に地域移行支援計画を作成
- ●相談、外出同行、住居確保、関係機関との調整、定着支援

重度訪問介護

重度訪問介護は、重度の肢体不自由、または常時介護を必要とする方が自宅で、入浴、排泄、食事の介護、外出時における移動支援などを総合的に行うサービスです。

◆ 重度訪問介護の分類

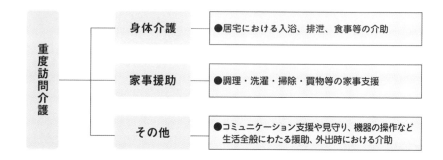

重度訪問介護
- 身体介護 ── ●居宅における入浴、排泄、食事等の介助
- 家事援助 ── ●調理・洗濯・掃除・買物等の家事支援
- その他 ── ●コミュニケーション支援や見守り、機器の操作など生活全般にわたる援助、外出時における介助

寝返り介助

調理・洗濯・買い物

コミュニケーション支援

外出支援

◆ 重度訪問介護の内容

- ●障害支援区分4以上、2肢以上にマヒがあり、歩行や移乗、排泄ができないなど重度の障害者を対象とします。
- ●見守りやコミュニケーション、外出支援など、介護保険にないサービスも含みます。
- ●1日3時間以上の支給を原則とし、長時間で日常生活全般の支援を行います。
- ●難病患者など、入院先の病院でも利用することができます。

補装具・日常生活用具

原則として、介護保険対象者は介護保険が優先されますが、車いすなど、既製品ではなく障害者の身体状況に合わせて個別に対応する必要と判断される場合には、補装具費として支給されます。

補装具費の支給

購入、修理費用の利用者負担は原則 **1 割**です（世帯の所得に応じて、負担上限額が設けられています）。

障害の種別	種目
視覚障害	盲人安全つえ、眼鏡、義眼
聴覚障害	補聴器
肢体不自由	義肢、装具、座位保持装置、車いす、電動車いす、歩行器、歩行補助杖つえ
重度障害	重度障害者意思伝達装置

日常生活用具の給付または貸与

日常生活用具は、地域生活支援事業であるため、市町村により取り扱い品目に違いがある場合があります。

種目	品目
介護・訓練支援用具	特殊寝台、特殊マット、特殊尿器、体位変換器、移動用リフトなど
自立生活支援用具	入浴補助用具、特殊便器、火災警報機、T字状・棒状の杖、電磁調理器など
在宅療養等支援用具	ネブライザー、電気式たん吸引器、盲人用体温計、盲人用体重計など
情報・意思疎通支援用具	点字器、聴覚障害者用通信装置、福祉電話（貸与）など
排泄管理支援用具	ストーマ装具、紙おむつ、収尿器など
居宅生活動作補助用具	住宅改修費

ショートステイ先の利用者に面会に行くことや、認定調査などで施設に出向く機会があると思います。その際に思うことは、この施設は活気がないな、みんなテレビの前でボーっとしていて退屈そうだなという感想でしょうか。やっぱり施設はかわいそう、自宅が一番？

「将来、あなたは自宅で暮らしたいですか？　施設で暮らしたいですか？」

　本人の意思決定の重要性が叫ばれているなか、このような意向を問うたとき、施設を希望しますと即答する人がどれほどいるでしょうか。AかBかを問うならば、それはAもBも熟知している前提での話であって、Bである施設のことはほとんどの人が未経験。本来、人は積極的に自らの環境を変えていこうとはと思わないのが自然であって、自宅での暮らしをできれば継続したいと思うのが普通です。家庭などの諸事情で計画的に施設を選ぶ人はいますが、大多数はしかたなく施設に入るのが実情でしょう。

　ではあらためて、施設はかわいそうなところ、退屈なところでしょうか。こればかりは入居者の感想を聞かないとわかりませんが、施設で働く従事者の目線からすれば、退屈なんてとんでもない。入浴介助も楽しいし、夜勤中の束の間の利用者との団らんも楽しい。もちろん大変なこともあります。排泄介助に苦戦することも、夜間になんどもナースコールが鳴って困り果てることもあります。

　施設に入居したらもう人生終わりだと思ったら、新たな出会いが待っていた、まんざら悪くもなかった、そんな感想をもってもらえるかもしれない。「在宅」か「施設」か、そんな二者択一では選択肢を提示したことにもなりません。いい在宅か悪い在宅か、それともいい施設か悪い施設か。

　在宅のケアマネジャーこそ、もっと施設のことを勉強する必要があると思います。ひとくくりに施設と言ってもこんなにも中身が違う、介護の質が違う、職員の志が違う。施設はけっして姥捨て山ではありません、まずは私たち支援者が先入観を捨てることからはじめていきましょう。

高齢者に多い
病気と薬の理解

人の関節可動域を知ろう

関節可動域（ROM）は、身体の各関節が生理的に運動することができる範囲（角度）のことです。各関節の動く範囲を知っておくと、利用者の身体状況をより的確に知ることができます。

代表的な関節の可動域

　関節可動域の測定は、自然に立っている状態で体幹や四肢のとる肢位を解剖学的肢位0°とし、関節角度計を用いて関節の運動範囲を5°刻みで測定します。代表的な関節の運動の可動域は以下の通りです。

股

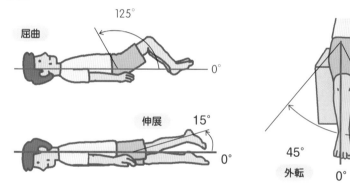

屈曲　125°　0°

伸展　15°　0°

45°　外転　0°　20°　内転

膝

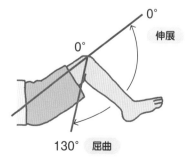

0°　伸展　0°　130°　屈曲

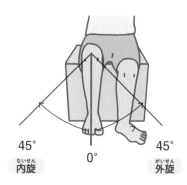

45°　内旋（ないせん）　0°　45°　外旋（がいせん）

足・足部

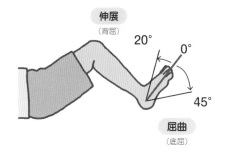

伸展
（背屈）
20°
0°
45°
屈曲
（底屈）

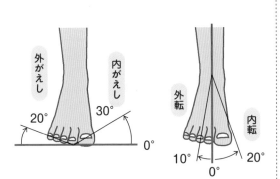

外がえし 20°
内がえし 30°
0°

外転 10°
内転 20°
0°

肘・前腕

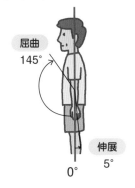

屈曲
145°
伸展
5°
0°

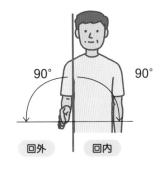

90°　90°
回外　回内

肩甲帯

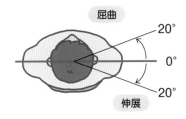

屈曲
20°
0°
20°
伸展

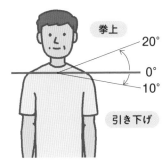

挙上
20°
0°
10°
引き下げ

◈ 肩（肩甲帯を含む）

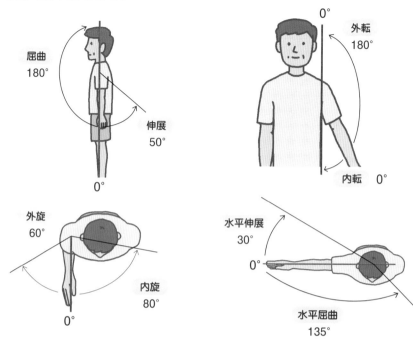

屈曲 180°
伸展 50°
0°

0°
外転 180°
内転 0°

外旋 60°
内旋 80°
0°

水平伸展 30°
0°
水平屈曲 135°

◈ 手

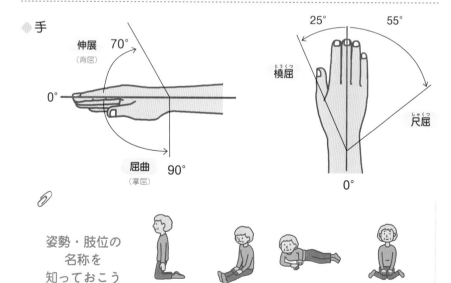

伸展 70°
（背屈）
0°
屈曲 90°
（掌屈）

25°　　55°
橈屈（とうくつ）
尺屈（しゃくっ）
0°

姿勢・肢位の
名称を
知っておこう

膝立ち位（ひざだち い）
長座位（ちょうざ い）
片肘立ち位（かたひじだち い）
とんび座位（ざ い）

◆ 頚部（けいぶ）

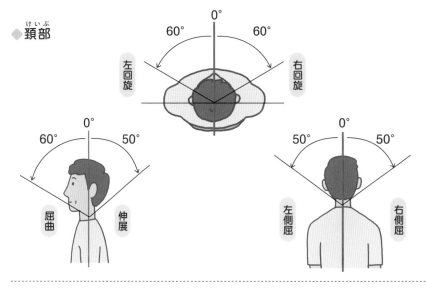

◆ 胸腰部

褥瘡（じょくそう）
好発部位

臥床位（うつぶせ）　　臥床位（仰向け）　　臥床位（横向き）

検査値の見方

全身の細胞に栄養や酸素を運び、老廃物や二酸化炭素を排出する役割を果たす血液にはさまざまな情報が含まれており、健康状態を見る目安になります。

血液検査でわかること

　血液を検査することでわかることはたくさんあります。加えて、血液検査は身体への負担が少ないので頻繁に実施される検査です。

検査からわかることと基準値

	項目	基準値	わかること
血液一般	白血球／WBC	3,500〜9,000/μℓ	高値で感染・炎症が疑われる。低値では血液の病気や自己免疫疾患の場合あり
	赤血球／RBC	男：430〜570万/μℓ 女：390〜520万/μℓ	低値で貧血。多すぎると（多血症）血管が詰まりやすくなる
	ヘモグロビン／Hb	男：13.0〜18.0ｇ/dℓ 女：11.5〜16.0ｇ/dℓ	貧血の有無
	ヘマトクリット／Ht	38.0〜50.0%	低値で貧血、高値で脱水や多血症
	血小板／PLT	12〜38万/μℓ	減少すると止血機能が低下する。多すぎると血栓ができやすくなる
血清たんぱく	血清総たんぱく量／TP	6.5〜8.0ｇ/dℓ	血液中のたんぱく質の量を調べる検査。高値で肝臓疾患、血液疾患が、低値で栄養不良、腎疾患が疑われる
	アルブミン／ALB	4.0ｇ/dℓ以上	栄養状態や肝機能を調べる検査。低値では栄養不良、肝臓疾患が疑われる
肝機能	AST（GOT）	40IU/ℓ以下	肝臓の細胞に多く含まれる酵素で肝細胞の破壊で上昇。肝臓障害、心筋梗塞診断に有効
	ALT（GPT）	40IU/ℓ以下	肝臓の細胞に多く含まれる酵素。肝細胞の変性や壊死に反応。肝臓・胆道系疾患の診断に有効

	項目	基準値	わかること
肝機能	γ-GTP （ガンマ）	男：50IU/ℓ 以下 女：30IU/ℓ 以下	肝臓の解毒作用に関する酵素でアルコール性肝障害の診断に有効。高値の場合、閉塞性黄疸、肝硬変、肝炎、急性膵炎などが疑われる
血中脂質	中性脂肪／TG	30 〜 149mg/dℓ	エネルギー源として肝臓でつくられる脂肪の一種。余分なエネルギーは中性脂肪という形で蓄えられるので、脂肪肝や肥満の原因となり、動脈硬化を促進
	総コレステロール／T-CHO	140 〜 200mg/dℓ	高値で動脈硬化を引き起こし、高血圧、心筋梗塞、脳梗塞につながる危険が大。低値で肝硬変、劇症肝炎、甲状腺機能亢進症が疑われる
	HDLコレステロール	男：40 〜 85mg/dℓ 女：40 〜 95mg/dℓ	低値で、動脈硬化、甲状腺機能亢進症、腎不全など
	LDLコレステロール	60 〜 139mg/dℓ	低値で肝硬変、甲状腺機能亢進症、高値で動脈硬化、糖尿病など
腎機能	尿素窒素／BUN	7 〜 18mg/dℓ	高値で脱水、腎炎など。低値で肝不全、尿崩症など
	クレアチニン／CRE	男：0.6 〜 1.1mg/dℓ 女：0.4 〜 0.8mg/dℓ	老廃物の一種。高値で急性腎不全、脱水、間質性肺炎など。低値で筋ジストロフィーなど
	尿たんぱく・尿潜血	―	腎機能の低下で尿にたんぱく質が出現。慢性腎炎、ネフローゼ症候群、腫瘍などが疑われる 尿潜血は尿路（腎臓、尿管、膀胱、前立腺）や尿道の異常を示す。炎症、尿路結石症、がんなどが疑われる
尿酸	尿酸／UA	男：3 〜 7mg/dℓ 女：2.6 〜 6.5mg/dℓ	高値で痛風が疑われる
糖代謝	HbA1c	4.3 〜 5.8%	過去1、2か月の血糖値を推測できる。高値で糖尿病、腎不全、再生不良性貧血、低値で溶血性貧血が疑われる
	空腹時血糖値	65 〜 100mg/dℓ	血液中のブドウ糖濃度。高値で糖尿病、甲状腺機能亢進症、肝硬変を疑う。低値で劇症肝炎が疑われる
免疫血清	CRP	―	感染症、腫瘍などがあるときに血液中に出現するたんぱく質。炎症の有無・経過判断の指標となる
呼吸機能	サチュレーション／SPO2	95 〜 98%	動脈血の酸素飽和度。体内に供給されている酸素の量を知ることができる

くすり ケアマネジャーが 在宅でよく見る薬

ケアマネジャーが出会う利用者のほとんどは薬を服用しています。ケアマネジャーは、利用者の異常を早期発見するためにも、薬の必須基本情報を知っておかなければなりません。

○ 在宅で目にすることの多い薬一覧

　利用者の異常を発見する最も近い立場にいるのは家族とケアマネジャーです。日常、利用者宅で目にすることの多い薬をまとめてみました。

抗精神病薬

● グラマリール

作　用	主に脳梗塞後遺症に伴う攻撃的行為、精神興奮、徘徊、せん妄などの症状を改善します。
副作用	口渇、眠気、めまい・ふらつき、振戦、パーキンソン様症状
注　意	重篤な循環器障害がある人、高齢者などには慎重に
他の商品名	チアプリド

写真は25mg

抗精神病薬

● リスパダール

作　用	統合失調症の幻覚や妄想を改善し、興奮、易怒性などの精神の高ぶりを抑えます。
副作用	パーキンソン様症状、月経不順、インポテンツ、性欲低下など
他の商品名	リスペリドン

写真は1mg

抗精神病薬

● セレネース

作　用	神経の過剰な活動を鎮め、幻覚・妄想を抑えます。
副作用	マヒ性腸閉塞、不整脈、意識障害など
禁　忌	アドレナリン投与中の人、パーキンソン病、妊婦
他の商品名	リントン、ハロペリドール

写真は0.75mg

● デパス

抗不安薬

作用 緊張をほぐし、催眠・鎮静作用があります。
副作用 ふらつき、めまい、倦怠感（けんたいかん）など
禁忌 重症筋無力症の人
他の商品名 エチゾラム

写真は0.25mg

● ハルシオン

睡眠薬

作用 脳の神経活動を抑制して睡眠作用をもたらします。
副作用 薬物依存、呼吸抑制、ふらつき、めまい、口渇、倦怠感など
禁忌 重症筋無力症、睡眠時無呼吸症候群の人
他の商品名 トリアゾラム、アスコマーナ

写真は0.125mg

● アモバン

睡眠薬

作用 不安や緊張感をほぐし、自然に近い眠りをもたらす睡眠薬。ハルシオンより筋肉をゆるめる作用が弱いのが特徴
副作用 口中の苦味、ふらつき、頭痛、倦怠感など
禁忌 重症筋無力症、緑内障の人
他の商品名 メトローム、ゾピクロン、アモバンテス

写真は7.5mg

● アリセプト

認知症治療薬

作用 アルツハイマー型またはレビー小体型認知症の症状を軽減します。
副作用 消化性潰瘍（かいよう）、吐き気・嘔吐（おうと）、下痢（げり）、腹痛、ほてり、倦怠感、興奮、動悸（どうき）など
注意 心臓病、消化性潰瘍、気管支喘息（ぜんそく）、パーキンソン病の人には慎重に用いる必要があります。
他の商品名 ドネペジル塩酸塩

写真は3mg

● メマリー

認知症治療薬

（作用）アルツハイマー型認知症における興奮、感情の不安定さ、徘徊（はいかい）などの症状の進行を抑制します。

（副作用）めまい、催眠、食欲不振（体重減少）、便秘、血圧上昇、失神など

写真は20mg

● リバスタッチパッチ

認知症治療薬

（作用）貼り薬タイプの認知症の薬です。薬の量に比例してパッチは大きくなります。

（副作用）かゆみ、発赤、悪心（おしん）・嘔吐（おうと）、下痢（げり）など

（注意）パッチは1日1枚で、古いものを剥がして新しいものを貼ります。古いパッチは粘着面を内側にして折りたたみ、確実に破棄します。

包装写真は4.5mg

● 抑肝散（よくかんさん）

漢方薬

（作用）イライラや不眠などの神経の高ぶりをしずめる漢方薬

（副作用）食欲不振、吐き気、下痢、発疹（はっしん）、発赤、かゆみなど

● PL顆粒（かりゅう）

風邪薬

（作用）鼻水、鼻づまり、喉（のど）の痛み、熱など風邪全般の症状をやわらげます。

（副作用）眠気、口の渇き、吐き気など

（禁忌）鎮痛薬や解熱薬で喘息（ぜんそく）を起こした人

（注意）緑内障、前立腺肥大症、肝臓病の人も病状により使用できない場合があります。

インフルエンザ治療薬

● タミフル

作　用 インフルエンザウイルスの増殖を抑制し、症状を緩和します。発症後48時間以内に服用すると特に効果的です。

副作用 吐き気・嘔吐、腹痛、下痢、めまい、眠気、精神神経症状など

他の商品名 イナビル、リレンザなど

痛み止め

● ロキソニン

作　用 解熱・鎮痛効果、炎症を抑える効果があります。

副作用 発疹、貧血、食欲不振、ねむけ、めまい、むくみなど

他の商品名 イブプロフェン、エパテック、オキネスジン、ケンタン、コバロキニン、サンロキソ、ニフランなど

写真は60mg

痛み止め

● ボルタレン

作　用 炎症や腫れを抑え、解熱、痛みを軽減します。

副作用 胃痛、腹痛、下痢、発疹など

禁　忌 消化性潰瘍、肝障害、腎障害、出血傾向のある人、妊婦

他の商品名 インダシン、ナイキサン、ニフラン、アルボなど

錠剤の写真は25mg
座薬の写真は12.5mg

👆 ワンポイントアドバイス

薬の保管法

　薬の成分によっては高温や多湿、直射日光などによって、品質が劣化しやすいものが多くあります。効き目が低下したり、身体に好ましくない作用をもたらさないよう注意が必要です。湿気のこない容器に入れ涼しい場所で保管。変質しやすい座薬やシロップ剤、水剤など「冷所保管」という指示のある薬は冷蔵庫で。子どもが間違って食べないようお菓子の空き缶などは避けましょう。

● アズノール軟膏

消炎薬

（作用）皮膚のただれや潰瘍に効果があります。

（副作用）ほてり、かゆみ、発疹・かぶれ・水ぶくれなど

（他の商品名）アズレミック、デスパ、サルコート、アフタゾロンなど

写真は500g　写真は20g

● ゲンタシン軟膏

消炎薬

（作用）とびひや湿疹、汗疹、手足口病などの皮膚感染症に効果があります。

（副作用）発疹、掻痒、発赤、丘疹、耳鳴り、めまい、難聴、腎障害など

（他の商品名）ドルマイシン軟膏など

● オイラックスクリーム

鎮痒薬

（作用）湿疹、かゆみなど

（副作用）皮膚の刺激感、かゆみなど

（注意）眼の周辺や粘膜には使用しないこと。高齢者は代謝が低下しているので長期、広範囲に使用してはいけません。

※オイラックスHクリームは軽いステロイドが配合されているので、高齢者には長期、広範囲の使用はしない。また、重いやけど、切り傷、ウイルス、真菌などによる皮膚感染症、水痘、帯状疱疹には用いないこと

● ヒルドイドクリーム

保湿剤

（作用）乾燥性湿疹、アトピー性皮膚炎、ケロイドの治療や予防、血行障害にもとづく疼痛や炎症など

（副作用）皮膚炎、掻痒など

（注意）びらん面や潰瘍面への使用はさけること

（禁忌）出血性血液疾患やわずかな出血でも重大な結果をきたすことが予想される人

経口抗凝固薬

● ワーファリン

(作　用) ビタミンKの働きを抑えて血液を固まりにくくします。

(副作用) 出血、悪心・嘔吐、肝障害など

(注　意) 納豆、クロレラ、青汁は摂取してはいけません。

(他の商品名) ワルファリンカリウムなど

写真は0.5mg

糖尿病治療薬

● アマリール

(作　用) 膵臓に作用してインスリン分泌を促進し、血糖値を下げます。

(副作用) 低血糖、肝障害、悪心・嘔吐、かゆみ、発疹、黄疸など

(他の商品名) ワファスティック、スターシス、グルファストなど

写真は1mg

含嗽剤

● イソジンガーグル

(作　用) うがいによる洗浄で口腔内およびのどの殺菌・消毒、口臭の除去に効果があります。

(副作用) 口中粘膜のただれなど

(禁　忌) ヨウ素過敏症の人

(他の商品名) アズノールうがい液、ノズレン、デンタ―グルなど

総合栄養剤

● エンシュア・リキッド

(作　用) 食事がとれないときに用いる総合栄養剤。経口・経管栄養どちらにも対応

(副作用) 下痢、腹部膨満感、吐き気・嘔吐、腹痛など

(注　意) 糖尿病を合併している人は、血糖値の変動に注意が必要です。

(他の商品名) ラコールなど

写真はバニラ味250ml

	●ラミシール
水虫治療薬	作用 爪白癬など真菌が原因の皮膚病に用います。 副作用 発疹、発赤、水ぶくれなど 注意 飲み薬や塗り薬では治りにくい爪水虫や角質増殖型の水虫に対して処方されます。

写真はスプレー

	●ラキソベロン
下剤	作用 大腸粘膜を刺激して排便を促します。 副作用 腹痛、腹鳴、悪心・嘔吐など 他の商品名 プルゼニド、センナ、アジャストA、ヨーデルS、アローゼン、シンラックなど

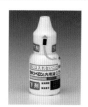
写真は内用薬10ml

	●酸化マグネシウム（カマ）
下剤	作用 腸内で腸壁から水分を奪い、腸管内容物を軟化させます。 副作用 高マグネシウム血症など 他の商品名 マグラックス、硫酸マグネシウム、人工カルルス塩など

写真は250mg

ワンポイントアドバイス

使用期限を確認しよう

　高齢者宅を訪問すると、飲み忘れた薬やいつ処方されたのかわからないような古い薬など、薬の山に出合うことがあります。調剤された薬の日付がわかるように薬袋や使用書なども取っておき確認し、使用期限の切れたものは廃棄処分しましょう。残薬が多いときには、医師や薬剤師に相談して、薬の量を調節してもらうこともできます。「お薬手帳」も確認に役立ちます。

◆ 在宅でよく見る薬一覧

	薬名	効能
あ	アイトロール	狭心症
	アクトシン	褥瘡、皮膚潰瘍
	アクトス	糖尿病薬、降圧
	アコニンサン	鎮痛、強心、利尿
	アザルフィジン	抗リウマチ
	アスコルビン酸	ビタミンC補給
	アストミン	咳止め
	アスパラカリウム	カリウム補給
	アスピリン	解熱鎮痛
	アスベリン	咳止め
	アズレン	うがい薬
	アセトアミノフェン	解熱鎮痛
	アーチスト	降圧
	アテノロール	降圧
	アデホス	内耳障害によるめまい
	アーテン	パーキンソン症候群
	アドエア	喘息
	アドソルビン	下痢止
	アドナ錠	止血
	アドフィードパップ	消炎鎮痛
	アトルバスタチンカルシウム	脂質異常症
	アナフラニール	抗うつ
	アプレース	消化性潰瘍
	アマンタジン	パーキンソン症候群
	アミティーザ	下剤
	アムロジピン	降圧
	アモキサン	抗うつ
	アモバン	睡眠障害
	アラセナ・A	抗ウイルス
	アリセプト	認知症
	アルガトロバン	脳血管障害
	アルダクトンA	利尿作用
	アルタット	消化性潰瘍
	アルドメット	降圧
	アルファカルシドール	骨粗鬆症
	アルファロール	骨粗鬆症
	アルブミン	下痢止
	アルメタ軟膏	皮膚炎
	アルロイドG	消化性潰瘍、胃炎

	薬名	効能
あ	アレグラ	抗アレルギー
	アレジオン	抗アレルギー
	アレビアチン	抗てんかん
	アレルギン	抗アレルギー
	アレロック	抗アレルギー
	アローゼン	下剤
	アロチノロール	降圧、狭心症
	アロプリノール	痛風
	アンテベート軟膏	皮膚炎
	安息香酸ナトリウムカフェイン（アンナカ）	強心作用
	アンプラーグ	造血凝固
	アンブロキソール	去痰
	アンペック（モルヒネ塩酸塩）	鎮痛、鎮静（麻薬）
	亜鉛華軟膏	皮膚炎
い	イクセロンパッチ	認知症
	イーケプラ錠	抗てんかん
	イソソルビド	利尿剤
	イソバイド	利尿剤
	イナビル吸入粉末剤	インフルエンザ
	イミダプリル	降圧
	イルベサルタン	降圧
	インクレミン	造血剤
	インタール	抗アレルギー
	インテバン	解熱鎮痛
	インデラル	降圧、狭心症
	インドメタシン	解熱鎮痛
	インヒベース	降圧
	インフリー	解熱鎮痛
	インプロメン	抗精神病
	一硝酸イソソルビド	狭心症
う	ウエルアップ	消毒
	ウプレチド	排尿困難
	ウラリット	痛風
	ウリトス	過活動膀胱
え	FAD	ビタミンB2補給
	L-アスパラギン酸カルシウム	骨粗鬆症
	L-カルボシステイン	去痰
	MS温シップ	皮膚炎
	MSコンチン	鎮痛（麻薬）
	MS冷シップ	皮膚炎
	SG配合顆粒	解熱鎮痛
	SPトローチ	口腔の感染予防

え	エカード	降圧
	エキザルベ軟膏	皮膚炎
	エクア	糖尿病
	エクセグラン	抗てんかん
	エクラー軟膏	皮膚炎
	エサンブトール	結核などの抗菌
	エスタゾラム	睡眠障害
	エストラジオール	女性ホルモン
	エダラボン	脳血管障害
	エチゾラム	抗不安
	エディロール	骨粗鬆症
	エバステル	抗アレルギー
	エパデール	脂質異常症
	エバミール	睡眠障害
	エビオス	胃腸薬
	エビスタ	骨粗鬆症
	エピナスチン	抗アレルギー
	エビプロスタット	前立腺肥大による排尿困難
	エビリファイ	抗精神病
	エフピー	パーキンソン病
お	オザグレル	気管支喘息
	オステン	骨粗鬆症
	オザグレルナトリウム	脳血管障害
	オゼックス	抗菌
	オダイン	前立腺癌
	オノン	喘息、アレルギー
	オパルモン	造血凝固
	オプソ内用液	鎮痛（麻薬）
	オメプラゾール	消化性潰瘍
	オメプラゾン	消化性潰瘍
	オメプラール	消化性潰瘍
	オラセフ	抗菌
	オラドール	口腔感染予防
	オロパタジン	抗アレルギー
か	カイトリル	制吐
	カイロック	消化性潰瘍
	ガスコン	胃腸内ガス駆除
	ガスター	消化性潰瘍
	ガストローム	胃炎、消化性潰瘍
	ガスモチン	消化機能改善
	ガスロンN	胃炎、消化性潰瘍
	カソデックス	前立腺癌
	カタリン点眼薬	白内障

か	ガチフロ点眼薬	眼の感染症
	カデュエット配合	降圧剤、脂質異常症
	ガナトン	消化管運動亢進
	ガバペン	抗てんかん
	カフコデN配合	咳止め
	カプトプリル	降圧
	カベルゴリン	パーキンソン病
	カマ	下剤
	カリクレイン	血液循環障害の改善
	カリメート経口薬	高カリウム血症
	カルグート	強心薬
	カルシトニン	骨粗鬆症
	カルスロット	降圧
	カルデナリン	降圧
	カルバマゼピン	抗てんかん
	カルブロック	降圧
	カルベジロール	降圧、狭心症
	カロナール	解熱鎮痛
	葛根湯	風邪、肩こり
き	キサラタン点眼液	緑内障、高眼圧症
	キシロカイン	不整脈
	キネダック	糖尿病
	キプレス	抗アレルギー症、喘息
	キュバール	気管支喘息
	球形吸着炭	尿毒症状
く	クエチアピン	抗精神病
	グラクティブ	糖尿病
	グラケー	骨粗鬆症
	クラバモックス	抗菌
	クラビット	抗菌
	グラマリール	脳循環
	クラリシッド	抗菌
	グラリス	抗菌
	クラリスロマイシン	抗菌
	クラリチン	抗アレルギー
	グランダキシン	自律神経調整
	クリアナール	去痰
	クリアミンA	片頭痛
	グリコラン	糖尿病
	グリセリン（浣腸）	下剤
	グリチロン	肝臓
	グリベンクラミド	糖尿病
	グリメピリド	糖尿病

く	グルコバイ	糖尿病
	グルコンサンK	カリウム補給
	グルファスト	糖尿病
	クレストール	脂質異常
	グルタチオン	解毒剤　制吐
	クロルフェニラミン	じんましん、アレルギー性鼻炎
	クロルプロマジン	抗精神病
け	ケイキサレート	カリウム抑制
	ケイツー	ビタミン
	ケタス	脳循環
	ケトプロフェン	解熱鎮痛
	ケナログ口腔用	口内炎
	ケフラール	抗菌
	ケフレックス	抗菌
	ゲーベン	皮膚潰瘍
	ケラチナミン	角化症、さめ肌
	ケルロング	降圧
	ケーワン	ビタミン
	ゲンタシン	抗菌
こ	コディオ	降圧
	コデインリン酸	咳止め（麻薬）
	コニール	降圧
	コバシル	降圧
	コメリアン	狭心症
	コールタイジン	鼻充血・鼻うっ血
	コレバイン	脂質異常
	コロネル	下痢止・整腸
	コンサータ	ADHD治療薬
	コンスタン	抗不安
さ	サアミオン	脳梗塞後遺症
	ザイザル	抗アレルギー
	サイトテック	消化性潰瘍
	サイレース	睡眠障害
	ザイロリック	痛風
	サーカネッテン	痔
	ザジテン	抗アレルギー
	ザーネ	皮膚
	サリベート	人工唾液
	サルタノールインヘラー	喘息
	サワシリン	抗菌
し	ジアスターゼ	消化酵素
	ジアゼパム	抗不安
	ジェイゾロフト	抗うつ
	シグマート	狭心症

し	シクロスポリン	免疫抑制
	ジゴキシン	強心
	ジゴシン	強心
	ジスロマック	抗菌
	ジプレキサ	抗精神病
	ジベトス	糖尿病
	シベノール	不整脈
	シュアポスト	糖尿病
	ジルチアゼム	降圧、狭心症
	シンレスタール	脂質異常
す	ステーブラ	過活動膀胱
	ストロカイン	消化管粘膜麻酔
	スピール膏M	うおの目、たこ
	スルピリド	抗精神病
せ	セイブル	糖尿病
	ゼスラン	抗アレルギー
	セタプリル	降圧
	ゼチーア	脂質異常
	セチロ	下剤
	セパミット	降圧
	セファドール	めまい
	セフカペンピボキシル	抗菌
	セララ	降圧
	セルシン	抗不安
	セルタッチ	消炎鎮痛
	セルテクト	抗アレルギー
	セルニルトン	前立腺炎
	セレキノン	健胃
	セレスタミン	抗アレルギー
	セレニカ	抗てんかん
	セレネース	抗精神病
	セレベント	喘息
	セロクエル	抗精神病
	セロクラール	脳循環
	セロケン	降圧
そ	ゾニサミド	抗てんかん
	ゾピクロン	睡眠障害
	ゾビラックス	抗ウイルス
	ソフラチュール	抗菌
	ゾーミッグ	片頭痛
	ソラナックス	抗不安
	ソランタール	解熱鎮痛
	ゾルピデム	睡眠障害
た	ダイアコート	抗炎症（皮膚）
	ダイアップ	抗不安

た	ダイアート	抗利尿		て	デュロテップ	麻薬性鎮痛
	ダイアモックス	抗利尿			テラ・コートリル	抗炎症作用（皮膚）
	タスモリン	パーキンソン病症候群			テラジアパスタ	皮膚潰瘍治療薬
	タナトリル	降圧			テルネリン	筋弛緩剤
	タミフル	抗インフルエンザ			テルビナフィン	抗真菌
	タムスロシン	前立腺肥大			テレミンソフト	下剤
	ダラシン	抗菌作用		と	ドグマチール	抗うつ
	タリオン	抗アレルギー			ドプス	パーキンソン病
	タリビッド	抗菌			トフラニール	抗うつ
	タンナルビン	下痢止			トミロン	抗菌
	タンボコール	不整脈			トラゼンタ	糖尿病
	炭酸リチウム	抗うつ			トラゾドン	抗うつ
ち	チアプリド	抗精神病			トラニラスト	抗アレルギー
	チモプトール	緑内障、高眼圧			トラベルミン	抗めまい
つ	ツインラインNF	輸液（経口栄養）			トラマール	解熱鎮痛
	ツロブテロール	喘息			トラムセット	解熱鎮痛
て	dl-メチルエフェドリン	喘息			ドラール	睡眠障害
	ディオバン	降圧			トランコロン	下痢止
	ディレグラ	抗アレルギー			トランサミン	止血
	テオドール	喘息			トランデート	降圧
	テオロング喘息	喘息			トリアゾラム	睡眠障害
	デカドロン	副腎皮質ホルモン			トリテレン	利尿
	テグレトール	抗てんかん			トリプタノール	抗うつ
	テシプール	抗うつ			トルソプト	緑内障、高眼圧
	テノーミン	降圧			トレドミン	抗うつ
	デパケン	抗てんかん			トロキシピド	消化潰瘍
	デパス	抗不安			ドンペリドン	制吐
	テプレノン	消化潰瘍		な	ナイキサン	解熱鎮痛
	デプロメール	抗うつ			ナウゼリン	制吐
					ナゾネックス	ステロイド点鼻

 ワンポイントアドバイス

服薬時間を守りましょう

　薬を効果的に使用するには服薬時間をきちんと知り、守ることが大切。服薬時間の目安は以下のとおりです。

●食前・食後⇒食事のおよそ30分前・後

●食間⇒食事と食事の間。食事のおよそ２時間後

●就寝前⇒寝る30分～１時間前

●時間ごと⇒食事に関係なく一定の間隔で服用

●頓服⇒必要に応じて服用

に	ニカルジピン	降圧
	ニザチジン	消化性潰瘍
	ニトログリセリン	狭心症
	ニトロダームTTS	狭心症
	ニトロペン	狭心症
	ニバジール	降圧
	ニフェジピン	降圧
	ニフラン	解熱鎮痛
	ニュープロ	パーキンソン病
	ニューレプチル	抗精神病
	ニューロタン	降圧
ね	ネキシウム	消化潰瘍
	ネシーナ	糖尿病
	ネリゾナ	湿疹、皮膚炎
の	ノイエル	消化潰瘍
	ノイキノン	強心
	ノイロトロピン	解熱鎮痛
	ノウリアスト	パーキンソン病
	ノバミン	抗精神病、制吐
	ノフロ	感染症（眼）
	ノルアドレナリン	強心
	ノルバスク	降圧
は	バイアスピリン	造血凝固
	ハイボン	ビタミンB2補給剤
	バイミカード	降圧
	パキシル	抗うつ
	バクシダール	抗菌
	バクタ	抗菌
	バップフォー	排尿障害
	バナルジン	造血凝固
	バナン	抗菌
	バファリン配合錠A81	造血凝固
	バラマイシン	殺菌（皮膚）、抗菌
	パリエット	消化潰瘍
	ハルシオン	睡眠障害
	バルトレックス	抗ウイルス
	ハルナール	排尿障害（前立腺肥大症）
	パーロデル	パーキンソン病
	ハロペリドール	抗精神病
	バンコマイシン	抗菌
	バンスポリン	抗菌
ひ	ヒアルロン酸ナトリウム	ドライアイ
	ヒアレイン	ドライアイ
	ビーエイ配合錠	解熱鎮痛

ひ	ビオスリー	下痢止、整腸
	ビオフェルミン	下痢止、整腸
	ビ・シフロール	パーキンソン病
	ピーゼットシー	抗精神病
	ビタノイリン	ビタミンB類配合薬
	ビタメジン	ビタミンB6補給作用
	ヒダントール	抗てんかん
	ビデュリオン	糖尿病
	ヒデルギン	脳循環改善薬
	ヒビスコール	消毒
	ヒビテン	消毒
	ビブラマイシン	抗菌
	ヒポカ	降圧
	ビーマス	下剤
	ヒルナミン	抗精神病
	ピレチア	抗アレルギー
ふ	ファスティック	糖尿病
	ファモチジン	消化潰瘍
	フェノバール	抗てんかん
	フェノバルビタール	抗てんかん
	フェルム	造血凝固
	フェロ・グラデュメット	造血凝固
	フェロベリン	下痢止
	フェロミア	造血凝固
	フオイパン	タンパク分解酵素阻害薬（慢性膵炎）
	フォサマック	骨粗鬆症
	フォリアミン	葉酸補給
	フォルテオ	骨粗鬆症
	フスコデ	咳止め
	ブスコパン	胃腸鎮痛鎮痙
	ブラダロン	頻尿治療
	プラノプロフェン	解熱鎮痛
	プラビックス	造血凝固
	フリバス	排尿障害（前立腺肥大）
	プリビナ	血管収縮（眼・鼻）
	プリンペラン	健胃
	フルイトラン	利尿
	フルコート	皮膚炎治療薬
	プルゼニド	下剤
	フルタイドディスカス	喘息、吸入薬
	フルタイドロタディスク	喘息
	フルトプラゼパム	抗不安

ふ	フルナーゼ	花粉症、副腎皮質ホルモン			ホスミシン	抗菌
	フルニトラゼパム	睡眠障害			ボナロン	骨粗鬆症
	ブルフェン	解熱鎮痛			ボノテオ	骨粗鬆症
	フルメタ軟膏	皮膚湿疹・皮膚炎症			ポビドンヨード	口腔洗浄
	プレドニン	抗炎症作用、副腎皮質ホルモン			ポンタール	解熱鎮痛
	プロスタール	前立腺がん治療薬		**ま**	マイザー	皮膚疾患（ステロイド剤）
	フロセミド	利尿			マイスリー	睡眠障害
	プロチアデン	抗うつ			マグコロール	下剤
	ブロチゾラム	睡眠障害			マグラックス	下剤
	プロノン	不整脈			マーズレンS	消化性潰瘍
	プロマック	消化潰瘍			マドパー	パーキンソン病
	フロリード	抗真菌剤			マルファ	消化性潰瘍
	フロリネフ	抗炎症作用（ステロイド剤）			マーロックス	消化性潰瘍
へ	ベイスン	糖尿病		**み**	ミオコール	降圧
	ベガモックス	殺菌用（眼）			ミカムロ	降圧
	ベゲタミン	睡眠障害			ミカルディス	降圧
	ベザトールSR	脂質異常			ミケラン	緑内障・高眼圧
	ベサフィブラート	脂質異常			ミコンビ	降圧
	ベシカム	皮膚炎治療剤			ミドリンM	眼の調節機能の改善
	ベシケア	排尿障害			ミニプレス	降圧
	ベタニス	排尿障害			ミノマイシン	抗菌
	ベトネベート	副腎皮質ホルモン			ミヤBM	下痢止、整腸
	ベニジピン	降圧剤			ミリステープ	狭心症
	ベネシッド	痛風			ミリスロール	狭心症
	ベネット	骨粗鬆症			ミリダシン	解熱鎮痛
	ベネトリン	喘息薬			ミルマグ	下剤
	ヘパリン類似物質	保湿		**む**	ムコサール	去痰
	ヘモクロン	痔			ムコスタ	消化潰瘍
	ベラチン	喘息薬			ムコソルバン	去痰
	ベラパミル	降圧剤			ムコダイン	去痰
	ベリチーム	健胃			ムコフィリン	去痰
	ペルサンチン	冠動脈の血流量改善作用		**め**	メイアクト	抗菌
	ペルジピン（経口）	降圧			メイラックス	抗不安
	ヘルベッサー	降圧			メインテート	降圧
	ペルマックス	パーキンソン病			メキシチール	不整脈
	ベロテック	喘息			メサデルム	皮膚疾患（ステロイド剤）
	ベンザリン	睡眠障害			メサフィリン	消化性潰瘍
	ペンタサ	潰瘍性大腸炎			メジコン	咳止め
ほ	ホクナリン	喘息薬			メタルカプターゼ	リウマチ薬
	ボグリボース	糖尿病			メチエフ	喘息、気管支拡張
	ポステリザン	痔			メチコバール	ビタミンB12補給
					メトグルコ	糖尿病

	メトトレキサート	リウマチ
	メトホルミン	糖尿病
	メマリー	認知症
	メバロチン	脂質異常
	メプチン	喘息
も	モービック	解熱鎮痛
ゆ	ユナシン	抗菌
	ユニシア	降圧
	ユニフィル	喘息
	ユーパスタ	皮膚潰瘍治療薬
	ユベラ	ビタミンE補給剤
	ユリノーム	痛風
	ユリーフ	前立腺肥大症治療薬
	ユーロジン	睡眠障害
ら	ラキソベロン	下剤
	ラクツロース	高アンモニア血症薬
	ラコールNF	経管栄養
	ラニラピッド	強心
	ラベプラゾールナトリウム	消化性潰瘍
	ラミクタール	抗てんかん
	ラミシール	抗真菌
	ランドセン	抗てんかん
り	リウマトレックス	抗リウマチ
	リカルボン	骨粗鬆症
	リザベン	抗アレルギー
	リスペリドン	抗精神病
	リスミー	睡眠障害
	リズミック	降圧
	リスモダン	不整脈
	リーゼ	抗不安
	リバスタッチパッチ	認知症
	リバレバン（リーバクト）	栄養剤
	リピディル	脂質異常
	リピトール	脂質異常
	リファンピシン	抗菌（結核）
	リボトリール	抗てんかん
	リポバス	脂質異常
	リーマス	抗うつ
	リマチル	抗リウマチ
	リリカ	解熱鎮痛
	リレンザ	抗ウイルス
	リン酸コデイン	鎮咳作用（麻薬）

	リンデロン	抗炎症作用（ステロイド剤）
る	ルネスタ	睡眠障害
	ルプラック	利尿
	ルボックス	抗うつ
	ルリッド	抗菌
れ	レキソタン	抗不安
	レキップ	パーキンソン病
	レスキュラ	緑内障治療薬
	レスタミン	抗アレルギー
	レスプレン	咳止め
	レスミット	抗不安
	レスリン	抗うつ
	レニベース	降圧
	レバミピド	消化性潰瘍
	レフトーゼ	解熱鎮痛
	レミニール	認知症
ろ	ロキソニン	解熱鎮痛
	ロキソプロフェンナトリウム	解熱鎮痛
	ロコイド	皮膚炎治療薬
	ローコール	脂質異常
	ロサルタンカリウム・ヒドロクロロチアジド	降圧
	ロゼレム	睡眠障害
	ロペミン	下痢止
	ロラゼパム	抗不安
	ロレルコ	脂質異常
	ロンゲス	降圧
わ	ワイドシリン	抗菌
	ワイパックス	不安
	ワーファリン	造血凝固阻止剤、血栓症の治療
	ワンアルファ	骨代謝
	ワイドシリン	抗菌
	ワイパックス	不安
	ワーファリン	造血凝固阻止剤、血栓症の治療
	ワンアルファ	骨代謝
	ワイドシリン	抗菌
	ワイパックス	不安
	ワーファリン	造血凝固阻止剤、血栓症の治療
	ワンアルファ	骨代謝

在宅で出合う医療処置・医療器具

入院期間の短縮化や医療機器の進歩に伴い、在宅で医療処置を必要とする人が増えています。器具の目的・注意点、ヘルパーができる処置などは、ケアマネジャーには必須の知識です。

介護職にできる医療的ケア

特定行為	痰の吸引	口腔内、鼻腔内、気管カニューレ内の痰の吸引。ただし、口腔内は咽頭の手前まで
	経管栄養	栄養剤の注入。ただし、胃ろう・腸ろうの状態確認、経鼻経管栄養のチューブ状態の確認は看護師
原則的に医療行為ではない行為	体温測定	水銀体温計・電子体温計を使って腋下で、または、耳式電子体温計による外耳道での検温
	血圧測定	自動血圧計を使っての測定
	パルスオキシメーターの装着	入院治療が不要な方へのパルスオキシメーターの装着
	口腔ケア	歯ブラシや綿棒などを使っての歯、口腔粘膜、舌に付着した汚れの除去
	爪きり	爪と周囲に異常がなく、糖尿病など専門的な管理が必要でない場合の爪切りと爪やすりを使ってのやすりがけ
	耳垢の除去	耳垢塞栓を除く耳垢の除去
	軟膏の塗布	褥瘡の処置を除く軟膏の塗布
	湿布薬の貼付	入院治療が不要で状態が安定している方への湿布薬の貼付
	点眼薬の介助	入院治療が不要で状態が安定している方への点眼薬の介助
	点鼻薬の介助	入院治療が不要で状態が安定している方の鼻腔粘膜への薬剤噴霧
	内服薬の介助	1包化されている薬の内服(舌下錠も含む)
	切り傷・すり傷の処置	軽微な切り傷、すり傷、やけどなどについて専門的な判断や技術を要しない処置(汚れたガーゼの交換含む)
	座薬の使用	肛門への座薬の挿入
	浣腸の使用	市販のディスポーザブル浣腸器を使っての浣腸
	ストーマ交換・排泄物除去	ストーマにたまった排泄物の廃棄、パウチの交換(肌に装着したパウチは除く)
	自己導尿の補助	自己導尿のカテーテルの準備、体位の保持

🔶 吸引

気道や口腔内にたまった痰や唾液などを自力で排出できない場合に、器械（吸引装置）を使って排出させることを吸引と言います。吸引は本人にとって決して楽なものではありませんが、呼吸を楽にし、肺炎などの感染症を予防するために必要なケアです。

吸引の種類

●**口腔・鼻腔内吸引**：口や鼻から吸引カテーテルを入れ、上気道・下気道の分泌物、血液などを除去します。
●**気管内吸引**：気管を切開し、気管の穴に入れた気管カニューレから吸引します。気管カニューレ装着中は発声はできません。

吸引器

🔶 胃ろう

胃ろうとは、長期間口から食べることが困難になっている人が、腹部に小さな穴を開けてチューブを入れ、直接、流動食や水分を入れることです。腸に穴を開ける場合は腸ろうと言います。胃ろうも腸ろうも医師による内視鏡手術で造設します。胃ろうはPEG（経皮内視鏡的胃ろう造設術の略）とも言います。

胃ろうの注意点

●胃ろうは経口摂取ができるようになれば除去することができます。口から食べることができないストレスへの配慮とともに、丁寧な口腔ケアが必要です。
●胃ろうカテーテルは1~6か月で交換します。交換は医師が行います。
●カテーテルにキャップをすればシャワーはもちろん、入浴も可能です。

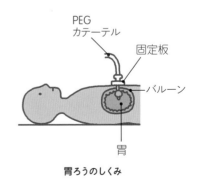

PEG
カテーテル
固定板
バルーン
胃

胃ろうのしくみ

◆ パルスオキシメーター

指先などにクリップ状の器具（プローブ）を装着することにより、動脈血酸素飽和度（＝SPO₂）を計測する医療機器です。従来は麻酔科などで使用されていましたが、採血する必要がなく、脈拍数も測定できることから、急速に普及してきました。

パルスオキシメーターの目的

●体内に供給されている酸素が十分であるかどうかがわかるため、在宅酸素を行っている人などのほか、呼吸器系疾患の早期発見のためなどに使われます。

パルスオキシメーターを
装着しているところ

パルスオキシメーターの原理

●光センサーにより、動脈血の赤色の度合いから、酸素に結びついたヘモグロビンの比率（酸素飽和度）を判断して％で表示します。

◆ 在宅酸素療法（HOT）

病状は安定しているものの身体の中に酸素を十分に取り込めない人（COPD、肺結核後遺症、肺線維症など）に対して、長期にわたり自宅で酸素吸入をする治療法です。Home Oxygen Therapyの頭文字をとって、HOTとも言います。

HOTの種類

●**酸素濃縮装置**：空気中の窒素を取り除き、酸素を濃縮して供給する装置
●**液化酸素装置**：低温化した酸素を気化させて供給する装置。電気代がかからず、子器に充填すれば携帯することもできます。
●**酸素ボンベ**：在宅では携帯用として使われることが多く、軽量ボンベの開発が進んでいます。
　※在宅酸素療法をしているときは火気に近づかないようにします。また、近くに消火器を常備しましょう。

液化酸素装置

中心静脈栄養（TPN）

　心臓の近くの太い静脈（中心静脈）に留置したカテーテルを介して高カロリー輸液を無菌的に注入する方法で、手術後や消化器疾患などで経口摂取できない場合に行います。点滴のように、注入のたびに針を刺す必要がありません。

　Total Parenteral Nutrition の頭文字をとってTPN。また、TPNを在宅で行うことを在宅中心静脈栄養法（HPN：Home Parenteral Nutrition）と言います。

中心静脈栄養のメリット

●消化器器官への負担軽減
●必要なエネルギーを確実に投与できる。
●緊急時の薬剤投与ができる。

中心静脈栄養法のデメリット

●消化管の自然な働きが妨げられる。
●肺血症、血栓性静脈炎、肝障害、ビタミン欠乏など合併症を起こしやすい。
●費用が高価である。

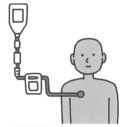

中心静脈栄養のしくみ

膀胱留置カテーテル

　前立腺肥大や脊髄障害、寝たきりの人など、自然排尿が困難な場合に用いられる方法で、尿道から膀胱にカテーテルを挿入して長期間留置し、導尿します。留置期間が長いと、尿路感染の危険が高まり、膀胱の機能も弱まります。あくまで一時的な方法です。

膀胱留置カテーテルのしくみとポイント

●カテーテルの先端のバルーンを膀胱内で膨らませることにより、カテーテルを固定して抜去を防ぐしくみです。挿入後、生理食塩水を注入してバルーンを膨らませます。
●導尿バッグは常に膀胱より低い位置に保ち、尿が逆流しないようにします。感染予防とカテーテルのつまりを防ぐためにも水分をしっかりとります。

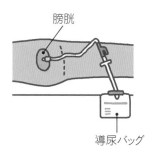

膀胱

導尿バッグ

膀胱留置カテーテルのしくみ

疾患 高齢者に多い 病気とケアプラン

ケアマネジャーが出会うのは、たいてい病気・障害をもった人たちです。ケアマネジャーが直接治療に関わることはありませんが、ケアプランをたてるために必要な知識をおさえておきましょう。

病気の症状とプラン作成のポイント

脳・神経疾患 脳梗塞（のうこうそく）

症状	●構音障害（こうおんしょうがい）（舌がもつれて言葉がはっきりしない様子） ●片側の手足、顔半分のマヒ、しびれ ●めまい、ふらつき ●視野障害（しやしょうがい）（ものが二重に見えたり、片方の眼が見えなくなる）
原因	●高血圧 ●糖尿病 ●脂質異常症 ●飲酒、喫煙
治療（薬）	●早期の迅速な治療が大切。発症後3時間以内の場合、血栓溶解薬、抗凝固薬、抗脳浮腫薬（ふしゅ）、脳保護薬など ●脳梗塞慢性期の二次予防には、アスピリンやプレタールなどの抗血小板薬やワーファリンなどの抗凝固薬を用います。
予後 日常生活上の 留意点	●再発することが多い疾患です。再発予防として原疾患の改善と医学的管理を行います。 ●マヒ、高次脳機能障害（こうじのうきのう）や生活障害の改善を目指し、早期からリハビリテーションを行います。 ●喫煙、飲酒は控え、適度な運動、食事改善（塩分を控えた低カロリーの食事）、こまめな水分補給が大切です。
使える制度	●介護保険第2号被保険者特定疾病の1つです。 ●身体障害者手帳、障害年金の申請が可能です。

脳・神経疾患　脳出血（のうしゅっけつ）

症状	●激しい頭痛 ●マヒ、しびれ ●めまい、嘔吐（おうと）
原因	●高血圧の持続による血管の壊死（えし） ●脳血管の病気
治療（薬）	●降圧剤（こうあつざい）（高血圧治療薬） ●手術で血腫（けっしゅ）を取り除くこともあります。
予後 日常生活上の 留意点	●身体の片側の筋力低下やマヒ、感覚消失、言語障害などの後遺症が残ることがあります。 ●血腫除去手術を受けているとてんかん（けいれん）が後遺症として残ることがあります。 ●塩分の多い食事を避け、十分な睡眠と休養を心がけます。
使える制度	●介護保険第2号被保険者特定疾病の1つです。 ●身体障害者手帳、障害年金の申請が可能です。

脳・神経疾患　くも膜下出血（まくかしゅっけつ）

症状	●突然の激しい頭痛 ●嘔吐、けいれん、意識障害 ●破裂前に動眼神経マヒ（どうがんしんけい）（眼球を動かす神経のマヒ）
原因	●高血圧 ●喫煙 ●ストレス
治療（薬）	●脳動脈瘤は、再破裂（出血）する可能性が高いので、再破裂を防ぐために手術を行います。
予後 日常生活上の 留意点	●発症から24時間以内は特に再破裂の注意が必要です。 ●高次脳機能障害や生活障害の改善を目指し、早期からリハビリテーションを行います。
使える制度	●介護保険第2号被保険者特定疾病の1つです。 ●身体障害者手帳、障害年金の申請が可能です。

脳・神経疾患　急性硬膜下血腫
（きゅうせいこうまくかけっしゅ）

症状	●意識障害（次第に悪化し、昏睡状態になる） ●激しい頭痛、嘔吐 ●瞳孔不同：瞳孔の大きさに差が出る
原因	●頭部外傷（転倒や交通事故、スポーツ、虐待などによる頭部への損傷）
治療（薬）	●局所麻酔で、頭蓋骨に開けた小さな穴から血腫を吸引します。 ●早期発見、早期治療により完治できます。
予後 日常生活上の 留意点	●脳挫傷や外傷、くも膜下出血を併発している例では予後は悪くなります。 ●後遺症などで発生した生活障害、高次脳機能障害に対してリハビリテーションを行います。
使える制度	●身体障害者手帳、障害年金、精神障害者保健福祉手帳の申請が可能です。

脳・神経疾患　脊髄小脳変性症
（せきずいしょうのうへんせいしょう）

症状	●運動失調、手のふるえ ●構音障害（舌がもつれて言葉がはっきりしない状態） ●眼振（目のちらつき。ものが二重に見える） ●言語障害、嚥下障害（食べ物や水分が飲み込みにくくなる）
原因	●不明
治療（薬）	●現在のところ、進行を止める薬や完治できる治療法はありません。 ●運動失調の対症療法として、甲状腺ホルモンの刺激剤が使われます。
予後 日常生活上の 留意点	●自律神経機能障害や、末梢神経障害が現れることもあります。 ●運動機能低下を防ぐため、リハビリテーションを行います。
使える制度	●介護保険第2号被保険者特定疾病の1つです。 ●身体障害者手帳、障害年金の申請が可能です。 ●指定難病の医療費助成が受けられます。 ●医療保険で訪問看護が利用できます。

脳・神経疾患 パーキンソン病

症状	●振戦（安静時に起こる手足のふるえ。左右どちらかに強く出る） ●筋固縮（筋肉のこわばり） ●動作緩慢（動作が遅くなること。歩行も遅くなり、歩幅が小さくなる） ●姿勢反射障害（身体が倒れ始めると止めることができない）
原因	●原因不明（ごくまれに、遺伝子異常）
治療（薬）	●症状の改善や進行を遅らせるため不足するドーパミンを補う薬や、ドーパミンの代わりをする薬などを服用します。
予後 日常生活上の 留意点	●症状はゆっくり進行します。転倒による骨折、誤嚥による肺炎などで寝たきりになることがあります。 ●運動機能の保持や症状緩和のため、薬物療法と併用して、リハビリテーションを行います。
使える制度	●介護保険第2号被保険者特定疾病の1つです。 ●身体障害者手帳、障害年金の申請が可能です。 ●指定難病の医療費助成が受けられます。

脳・神経疾患 筋萎縮性側索硬化症（ALS）

症状	●筋萎縮、筋力低下、攣縮　●歩行困難、呼吸困難 ●嚥下障害、構音障害、開口不全（口が開かなくなる）
原因	●不明
治療（薬）	●進行を遅らせるために興奮性神経伝達物質（リルゾール）を服用します。 ●睡眠薬や精神安定剤を使用する場合もあります。
予後 日常生活上の 留意点	●全身の筋肉が衰え、多くの場合寝たきりになります。 ●人工呼吸器、胃ろうの造設について本人の意思確認が必要
使える制度	●介護保険第2号被保険者特定疾病の1つです。 ●身体障害者手帳、障害年金の申請が可能です。 ●指定難病の医療費助成が受けられます。 ●医療保険で訪問看護が利用できます。

脳・精神疾患	認知症（アルツハイマー型認知症）
症状	● 記憶障害、判断力や注意力の低下、妄想、失語 ● 不安、抑うつ状態、 ● 尿、便失禁、徘徊、歩行困難
原因	● 大脳の萎縮、変性疾患
治療（薬）	● 早期に受診し、薬を服用すれば進行を遅らせることができる場合もあります。
予後 日常生活上の 留意点	● 末期までの経過は6〜15年ぐらいといわれ、平均で10年ぐらいです。 ● できなくなったことに着目するのではなく、できることを大切にします。
使える制度	● 介護保険第2号被保険者特定疾病の1つです。 ● 精神障害者保健福祉手帳の申請が可能です。 ● 成年後見制度が使えます。

脳・精神疾患	認知症（脳血管性認知症）
症状	● まだらぼけ（正常な部分とぼけている部分が混在する様子） ● 歩行障害、意欲、自発性の低下 ● 感情失禁、言語障害 ● 頻尿、尿失禁
原因	● 脳卒中、脳梗塞の多発
治療（薬）	● 高血圧症、糖尿病、高脂血症の薬物療法を行います。抑うつが見られる場合は、抗うつ剤を服用して緩和します。
予後 日常生活上の 留意点	● 脳卒中の発作を繰り返すことで、段階的に症状が悪化していくことがあります。 ● 高血圧など生活習慣病を改善し、脳血管疾患の再発作の予防を行い進行を遅らせることができます。
使える制度	● 介護保険第2号被保険者特定疾病の1つです。 ● 精神障害者保健福祉手帳の申請が可能です。 ● 成年後見制度が使えます。

脳・精神疾患　アルコール依存症（いぞんしょう）

症状	● 飲酒のコントロール喪失（問題飲酒）、離脱症状 ● 本能や感情をコントロールしている大脳皮質のマヒ ● 中毒症状：異常酩酊（めいてい）、意識障害（脳萎縮、認知症症状を伴うことがある） ● 離脱症状：振戦（しんせん）せん妄（幻視と振戦を伴う夜間せん妄）、アルコール幻覚症（意識障害を伴わない幻聴）、嫉妬妄想、ウェルニッケ脳症（外方に眼を動かせない、歩行失調、意識障害） ● コルサコフ症候群（記銘障害、失見当、作話）
治療（薬）	● アルコールを断つ（アルコールを抜くために抗酒剤の服用） ● 意識障害、精神状態（幻覚、妄想、うつ状態、不眠）の治療 ● 病気についての教育と精神療法（集団精神療法）
予後 日常生活上の 留意点	● 本人の強い意志と長期間の療養、家族への支援が必要です。 ● 否定の病気と言われています。本人は依存症であることを否定し、周囲は性格の問題で済ましてしまうことが多く、早期対応が遅れがちです。 ● 専門医の受診、治療に結びつける工夫として、家族や本人にとって重要な人が複数で話す、酒で失敗をしたタイミングで話す、批判は避け客観的事実を語るなどが必要です。 ● 断酒会、家族の会や自助グループへの参加（仲間と話すことで疎外感やストレスから解放され、新しい生き方を学んでもらうことが目的です）。
使える制度	● 精神障害者保健福祉手帳の申請が可能です。

コラム　AAを知っていますか

　アルコーホーリクス・アノニマス（AA）は、アルコールを飲まない生き方を続けていくために自由意志で参加する世界的な団体です。今日一日、ともかく最初の一杯に手をつけないことから始めて、飲酒しないで満ち足りた人生を発展させることができる12のステップ（プログラム）を示して、アルコール依存症の人を支援しています。

　AAについては、http://aajapan.org/ を参照してください。

高血圧症

症状	●血圧140/90mmHg以上 の状態が持続する場合を指します。 ●心臓病や脳卒中などの合併症の引き金となります。
高血圧が 引き起こす 疾患	●動脈硬化、動脈瘤 ●虚血性心疾患（狭心症、心筋梗塞） ●脳血管障害（脳梗塞、脳出血） ●腎障害（腎硬化症、腎不全）
原因	●原疾患として高血圧、糖尿病、脂質異常症など
治療（薬）	●降圧作用のある薬を服用します。一般的な降圧目標は、130/85mmHg 未満ですが、高齢者は140/90mmHg 未満です。
予後 日常生活上の 留意点	●長期間、高血圧の状態が続くと、血管に負担がかかり、血管や心臓、腎臓などに障害を起こします。 ●脳血管障害や心臓疾患など、高血圧による合併症にも注意が必要です。 ●適度な運動、脂質や塩分を控えたバランスのよい食事、十分な睡眠を心がけ、禁煙しましょう。 ●体内の過剰塩分を排出してくれるカリウムを含む野菜や果物の摂取も心がけましょう。 ●心血管病のない高血圧者は、有酸素運動を定期的に行うようにします。

 白衣高血圧と仮面高血圧

　病院で測る血圧は、家庭で測る場合に比べて高く出ることが多いといわれています。病院や健診では緊張しているからで、診察室で高血圧と診断されても、家庭での測定では高血圧でない場合を白衣高血圧と言います。反対に、家庭血圧は高血圧なのに、診察室での血圧が高血圧でない場合を仮面高血圧と言います。白衣高血圧は経過をみる場合が多いのですが、仮面高血圧は精神的ストレスを抱えている人やヘビースモーカーなどに多く、心血管の病気になるリスクが高いので、要注意です。

（循環器疾患）**虚血性心疾患**（心筋梗塞・狭心症）

症状	**狭心症** ● 息切れ ● 胸の中央からみぞおちにかけての広い範囲で起こる痛み **心筋梗塞** ● 激しい胸痛 ● 冷や汗 ● 吐き気 ● 意識障害
原因	● 動脈硬化（誘因：過労、睡眠不足、ストレス、喫煙、激しい運動）
治療（薬）	● 薬物療法のほか、カテーテルを使って血管を広げる方法や冠動脈バイパス手術などがあります。 ● 心筋梗塞は、緊急に治療する必要があります。
予後 日常生活上の 留意点	● 狭心症から、危険度の高い急性心筋梗塞へ移行することがあります。軽い運動でも発作が起こったり、発作の回数が増えたりするときには注意が必要です。 ● 規則正しい生活、塩分や脂質を抑えたバランスのよい食事、適度な運動が大切です。 ● 激しい胸痛が長時間続くなどの症状があれば、すぐに救急車を呼びましょう。
使える制度	● 身体障害者手帳の申請が可能です。

コラム　**AEDについて知っておこう**

　AED（自動体外式除細動器）は、電極のついたパッドを裸の胸の上に貼ることで、自動的に心臓の状態を判断し、心臓に電気ショックを与えて正常なリズムに戻す医療機器です。街中の主要施設（学校、銀行、ショッピングセンター、市役所など）に設置されています。音声で操作の指示が出るので、医療職でなくても人命救助が可能です。

循環器疾患	心不全（しんふぜん）
症状	**急性心不全** ●呼吸困難、ショック症状(血圧低下、尿量減少、意識障害、チアノーゼ) **慢性心不全** ●倦怠感（けんたいかん）、呼吸困難、むくみ(下腿浮腫（かたいふしゅ）)
原因	●高血圧・心疾患(心臓弁膜症（しんしっかん しんぞうべんまくしょう）、心筋梗塞（しんきんこうそく）など)
治療(薬)	●薬物療法(利尿剤（りにょうざい）、強心剤（きょうしんざい）、ACE阻害薬など) ●在宅酸素療法
予後 日常生活上の 留意点	●多くの場合、ゆっくりと症状が進みます。突然死の危険もあります。 ●定期的に体重測定を行い、むくみをチェックし、医師の指示により、適度な運動を行います。 ●浴室、トイレでの急激な温度変化を避けます。
使える制度	●身体障害者手帳の申請が可能です。

循環器疾患	不整脈（ふせいみゃく）
症状	●動悸（どうき）、息切れ、めまい ●胸痛(胸部の痛み、重苦しい感じ)
原因	●加齢 ●飲酒・喫煙、ストレス ●先天性の疾患(循環器疾患)、後天性の疾患(心疾患、高血圧など)
治療(薬)	●症状に合わせた抗不整脈薬の服用 ●原因となる疾患を治療する手術や、ペースメーカーなど機器を埋め込む手術もあります。
予後 日常生活上の 留意点	●治療を必要としない場合も多くありますが、突然死につながることもあるので、高齢者には注意が必要です。 ●脈の不整に気づいたときには、治療が必要か否か、専門医に診てもらいましょう。
使える制度	●ペースメーカー埋め込みの場合、身体障害者手帳が可能です。

呼吸器疾患 COPD（シーオービーディ） 肺気腫（はいきしゅ）

症状	●動作時の息切れ ●慢性的な咳、痰（せき、たん） ●呼吸困難
原因	●喫煙
治療（薬）	●諸症状を緩和させるために、気管支拡張剤や吸入ステロイド剤を使います。
予後 日常生活上の 留意点	●肺の細胞組織が壊れて修復することができない疾患ですが、治療と自己管理により進行を遅らせることは可能です。 ●気道感染の合併症予防のため、ワクチン（インフルエンザ、肺炎球菌）が推奨されています。
使える制度	●介護保険第2号被保険者特定疾病の1つです。 ●身体障害者手帳、障害年金の申請が可能です。

呼吸器疾患 気管支炎（きかんしえん）（急性気管支炎・慢性気管支炎）

症状	●発熱、鼻炎、喉（のど）の痛み、疲労感、咳 ●痰、呼吸困難
原因	●ウイルス感染（急性気管支炎） ●喫煙、大気汚染 ●加齢（慢性気管支炎）
治療（薬）	●細菌性の気管支炎に対しては、抗生物質を使います。慢性気管支炎では、気道を広げ呼吸しやすくするための薬やステロイド剤を使います。
予後 日常生活上の 留意点	●適切な治療を行えば問題ありませんが、放置すると肺性心（はいせいしん）（肺の病気で心臓に異常が起きる）へと進行する場合があるので、注意が必要です。 ●慢性気管支炎のおもな原因は長年の喫煙習慣です。禁煙は不可欠です。 ●部屋の清掃、換気を行うなど生活習慣の改善を行います。

風邪症候群（風邪・インフルエンザ）

症状	● くしゃみ、鼻水、鼻づまり ● 喉の痛み、咳、痰 ● 嘔吐、下痢 ● 倦怠感 ● 頭痛・高熱（インフルエンザ）
原因	● ウイルス感染
治療（薬）	● 発熱や関節痛には解熱剤や鎮痛剤、鼻水や鼻詰まりには抗ヒスタミン剤など、諸症状を抑えるための対症療法を行います。 ● 十分な水分補給、消化のよい温かい食事をとり、十分な睡眠をとります。室内の保温、保湿（40〜60％）、換気も配慮します。
予後 日常生活上の 留意点	● インフルエンザにかかると、心臓、肺に慢性疾患のある人や高齢者は肺炎を併発しやすく、重症になることもあります。 ● 原因となるウイルスの侵入を防ぐことが大切です。マスクの着用、人の多い場所に出かけない、外出後のうがい手洗いの励行、部屋の保温と保湿などに気をつけます。 ● インフルエンザの予防には、任意のインフルエンザワクチン予防接種が有効です。

☝ ワンポイントアドバイス

うがいの仕方

❶ 殺菌作用のあるうがい薬で口の中を20秒間ゆすぐ

❷ いったん水を吐き出す

❸ 再度うがい薬を口に含み、顔を上に向けてのどの奥までしっかりガラガラうがいをする

呼吸器疾患　**肺炎**（はいえん）

症状	● 呼吸症状（咳、痰、喘息（ぜんそく）など）、発熱 ● 食欲低下、全身の倦怠感 ● 呼吸困難
原因	● ウイルスや細菌感染
治療（薬）	● 抗生物質や抗ウイルス薬の服用、点滴による栄養補給などを行います。 ● 室内は保温、保湿（40〜60%）、換気を心がけ、安静にし、十分な水分補給と消化のよい食事をとります。
予後 日常生活上の 留意点	● 病院内や施設内で発症する肺炎は、原因となる菌自体が強いうえに、感染者の健康状態が悪く、抵抗力が落ちているので、重症化することがあります。 ● 自力で体位変換ができない人や免疫機能が低下している場合には悪化することがあります。 ● 任意接種の予防接種（肺炎球菌ワクチン）があります。 ● マイコプラズマ肺炎など感染力をもつ肺炎があるので、マスク、手洗い、消毒などを行い、二次感染に注意します。

ワンポイントアドバイス

手洗いの仕方

❶石けんをよく泡立てる

❷手のひら、甲、指の間をまんべんなく洗う

❸手のひらを使って指先や爪の周囲を洗う

❹手首もよく洗う

❺流水ですすぎ、石けんを洗い流す

❻清潔なタオルで水分を拭き取る

消化器疾患 腸閉塞（イレウス）（ちょうへいそく）

症状	●急激な強い腹痛 ●吐き気、嘔吐（おうと） ●便、ガスが出なくなる、腹部膨満感（ぼうまんかん）
原因	●腫瘍（がん性イレウス）、腸管同士の癒着（術後など） ●ヘルニア ●宿便（糞便性イレウス）
治療（薬）	●早期治療が肝心です。絶飲食をし、栄養状態の悪化や脱水症状、電解質異常の改善のため、点滴を行います。
予後 日常生活上の 留意点	●再発しやすい疾患です。高齢者が、食事量が少なくなった、腹部が膨満・緊満、腰痛などの時には可能性を疑います。 ●飲酒や喫煙をやめる、食後は安静にする、ストレスをためないようにするなど生活習慣を整えます。

消化器疾患 胆石症（たんせきしょう）

症状	●胆石疝痛発作（せんつう）、発熱、吐き気 ●倦怠感（けんたいかん）、腹部膨満感
原因	●高齢、肥満 ●遺伝 ●ストレス、脂肪分の多い食事
治療（薬）	●痛みなどの発作が、繰り返し起こる場合は、胆石を溶かす薬の服用や胆のうを摘出する手術などを行います。
予後 日常生活上の 留意点	●上腹部痛、発熱、黄疸（おうだん）の出現などの徴候が出現したときはすぐに受診します。 ●高脂肪の食事は避け、バランスよく適量をとりましょう。 ●適度な運動を心がけ、肥満を解消します。

消化器疾患 胃潰瘍（いかいよう）

症状	●食後の胃痛、腹痛、呑酸（どんさん）（胃液の逆流） ●食欲不振、吐き気、嘔吐、腹部の膨満感 ●無症状（高齢者に多い）
原因	●暴飲暴食、不規則な食生活 ●ピロリ菌 ●ストレス、喫煙、飲酒、コーヒー
治療（薬）	●ピロリ菌がある場合は除菌する治療を行います。 ●再発予防のために一定期間継続して治療を行う必要があります。
予後 日常生活上の 留意点	●再発率が高く、60歳以上では半数近くが再発しています。 ●喫煙、飲酒は控え、ストレスをためないように心がけましょう。 ●固いものや繊維質の多いもの、刺激の強いもの、熱すぎたり、冷たすぎたりするもの、長時間の空腹を避け、胃に負担をかけないようにします。

消化器疾患 十二指腸潰瘍（じゅうにしちょうかいよう）

症状	●空腹時や夜間時の痛み ●胸やけ、吐き気 ●食事後、一時的に痛みが軽減
原因	●胃酸、ピロリ菌 ●ストレス
治療（薬）	●症状が進行して出血がある場合は、内視鏡を使って止血を行います。ピロリ菌を除菌する治療が大切です。
予後 日常生活上の 留意点	●再発しやすい病気なので、自己判断で治療を中断してはいけません。 ●50歳以上の日本人は、70～80%がピロリ菌の保菌者です。因子となるストレスをためない生活を心がけましょう。

消化器疾患	肝炎（かんえん）（急性肝炎・慢性肝炎）
症状	● 発熱 ● 倦怠感（けんたいかん） ● 食欲不振 ● 黄疸（おうだん）（血液中のビリルビンが異常に増えて皮膚や粘膜が黄色くなる状態） ● 吐き気、腹痛 ● 無症状
原因	● 肝炎ウイルス感染 ● アルコール ● 薬
治療（薬）	● B型肝炎では抗ウィルス作用のあるインターフェロン（INF）注射薬と内服のバラクルードが主な治療薬です。C型肝炎ではINFに加えてリバビリンなどを使用します。その他、肝庇護剤ととしてウルソや強ミノファーゲンCなどが投与される場合もあります。
予後 日常生活上の 留意点	● 病状が進行すると、黄疸や脾臓の肥大（ひぞう）、皮膚のクモ状血管腫などが現れます。 ● 慢性の状態が続くと、肝硬変（かんこうへん）、肝不全（かんふぜん）、肝がんになることがあります。 ● 脂肪の取りすぎを避け、バランスのよい食事を心がけます。症状が進行している場合には、塩分やたんぱく質の制限がかかることもあります。
使える制度	● B型、C型ウイルス性肝炎：インターフェロン・核酸アナログ製剤（B型）・インターフェロンフリー療法（C型）治療に対して医療費助成制度があります。 ● 難治性肝炎のうち劇症肝炎は難病指定です。

● 感染経路

A型	ウイルスで汚染された水や食べものを口にすることで感染。感染者の便から感染することもあります。
B型	血液や体液を通して感染。出産時に母親から新生児に感染することもあります。
C型	血液や体液を通して感染。母子感染はほとんどありません。
E型	発展途上国に多く、生水、生肉、感染者の便を通して口から感染します。

※ D型は日本ではほとんどありません。

腎・泌尿器疾患　尿路結石（にょうろけっせき）

症状	● 激痛 ● 吐き気 ● 血尿、頻尿、残尿感、排尿痛
原因	● 尿路感染 ● 排尿障害 ● 薬の副作用 ● 代謝異常
治療（薬）	● 結石が大きい場合や激しい痛みがある場合は、体外衝撃波結石破砕術や、経尿道的尿管砕石術などの治療を行います。
予後 日常生活上の 留意点	● 尿路結石症は、再発することが多い病気です。規則正しくバランスのとれた食事をとりましょう。 ● 水分補給を十分に行います。ビールなどのアルコールは逆効果です。 ● 塩分の過剰摂取を控えるようにします。

腎・泌尿器疾患　膀胱炎（ぼうこうえん）

症状	● 頻尿、排尿痛、尿混濁、残尿感、排尿障害、血尿、尿閉 ● 発熱（急性腎盂腎炎の場合）
原因	● 細菌（ほとんどが大腸菌）
治療（薬）	● 抗菌薬の投与が行われます。また、水分を多くとり、排尿を促すようにします。
予後 日常生活上の 留意点	● 再発しやすい病気です。再発予防のためにも水分を多くとるようにします。 ● 身体（特に下半身）を冷やさないようにし、便秘にも気をつけます ● 排尿は我慢せずに積極的に出すようにします。 ● 抵抗力が低下していると発症しやすいので、睡眠不足や過労、ストレスなどに注意しましょう。

腎不全（急性腎不全・慢性腎不全）

症状	**急性腎不全** ● 乏尿、無尿、むくみ ● 吐き気、食欲不振 ● 意欲低下、倦怠感、意識障害 ● 高血圧 **慢性腎不全** ● 無症状、 ● 夜間多尿症、むくみ、疲労感、脱力感 ● 食欲不振、あざができやすい、骨折しやすい ● 筋力低下、けいれん ● 高血圧 ● 全身のかゆみ
原因	**急性腎不全** ● 腎前性（腎血流の減少） ● 腎性（腎臓自体の障害） ● 腎後性（尿管の閉塞） **慢性腎不全** ● 糖尿病性腎症、高血圧、糸球体腎炎 ● 急性腎不全が進行 ● 腎後性（尿管の閉塞）
治療（薬）	**急性腎不全** ● 原因となった病気の治療を行います。また、腎機能が回復するまでの間、一時的に人工透析を行うこともあります。 **慢性腎不全** ● 慢性腎不全は完治することはありません。進行を遅らせることと合併症の予防が治療の目的になります。
予後 日常生活上の 留意点	● 慢性腎臓病（CKD）は、成人の8人に1人は罹っていると言われる新たな国民病です。進行すると慢性腎不全になります。 ● 長期的な治療が必要なため、周囲のサポートが不可欠です。

使える制度	● 身体障害者手帳（腎機能障害の等級は1〜4級）
	● 障害年金（人工透析患者は基本的に障害年金2級に該当）
	● 特定疾病療養受療証：加入中の健康保険による医療費助成制度。人工透析に関わる医療費の自己負担上限が1〜2万円（年齢、所得による）
	● 自立支援医療（更生医療）（18歳以上）
	● 福祉給付金支給制度
	● 日常生活用具：腹膜透析導入の場合、加湿器の給付が利用できます。所得により自己負担があります。

腎・泌尿器疾患　尿路感染症（にょうろかんせんしょう）

症状	● 頻尿（ひんにょう）、排尿痛
	● 尿混濁（にょうこんだく）、残尿感、血尿（けつにょう）、尿閉（にょうへい）
	● 発熱（急性腎盂腎炎（きゅうせいじんうじんえん）の場合）
原因	● 細菌（ほとんどが大腸菌）
治療（薬）	● 抗菌薬の投与が行われます。また、水分を多くとり、排尿を促すようにします。
予後 日常生活上の 留意点	● 高齢者の場合、再発を繰り返し、慢性化することがあります。
	● 身体（特に下半身）を冷やさないようにし、便秘にも気をつけます。
	● 排尿は我慢せずに積極的に出すようにします。排尿が少ないと、細菌が繁殖し感染症を起こしやすくなります。

👆 ワンポイントアドバイス

そのオムツ、本当に必要ですか

　高齢者の尿路感染症の原因の大半はオムツだと言われています。排泄後のオムツに雑菌（主に大腸菌）が繁殖し、尿道口から侵入してしまうからです。その方は本当にオムツでなければいけないのでしょうか？

　ぜひ排泄ケアを見直してみてください。特に、糖尿病がある人の尿は糖分を含んでいるため、雑菌の繁殖も早いので、要注意です。

前立腺肥大症（ぜんりつせんひだいしょう）

症状	●排尿遅延（はいにょうちえん）、尿線途絶（にょうせんとぜつ）、残尿感、 ●頻尿（ひんにょう）、尿意切迫感、腹圧排尿、尿閉（にょうへい）
治療（薬）	●薬物療法では、交感神経に作用し排尿障害を改善する薬や、男性ホルモンの働きを弱める抗男性ホルモン薬などが使用されます。
予後 日常生活上の 留意点	●肥大が進行しないよう、食事や飲酒など、生活習慣に気をつけて過ごします。 ●排尿は我慢してはいけません。水分補給はしっかりと、飲酒は控えめにします。 ●高脂肪、高たんぱく質の食事や、刺激の強い食事は避けます。 ●他科受診、緊急での受診、市販薬の使用などでは、前立腺肥大があることを事前に伝えるようにしましょう。

ワンポイントアドバイス

過活動膀胱とは？

　過活動膀胱は、頻尿や尿失禁の分野における新しい病名で、急にがまんできない尿意が起きたり、がまんできずに漏らしてしまうなどを主症状とします。加齢によるものも少なくありません。加齢以外の原因では、男性の場合、最も多いのが前立腺肥大によるものです。排尿時に、出にくい尿をなんとか出そうとすることで膀胱に負担がかかり、膀胱の筋肉が過敏に反応するようになるからです。女性の場合は、膀胱・子宮・尿道を支えている骨盤底筋が弱くなるために起こることがほとんどです。

　改善のためには以下の方法があります。

●薬剤の投与：抗コリン剤（膀胱が過度に収縮するのを防ぎます）

●排尿日誌をつける：排尿間隔を記録し、診断・治療の参考にします。

●膀胱トレーニング：尿意を感じても「あと5分、あと10分」と、我慢する時間を延ばしていきます。

●生活習慣を見直す：腎臓や膀胱を冷やさないために、冷たいものの一気飲みは避け、腹巻きやソックス、カイロを使いましょう。

代謝・内分泌疾患	**甲状腺機能亢進症・甲状腺機能低下症** （こうじょうせんきのうこうしんしょう　こうじょうせんきのうていかしょう）

症状	**亢進症** ●甲状腺の腫れ ●動悸、息切れ、頻脈（脈拍が100回/分以上の状態）、発汗 ●体重減少 ●眼球突出 **低下症** ●甲状腺の腫れ ●倦怠感、疲労感、気力低下 ●便秘 ●むくみ ●脱毛 ●嗄声（声がかすれること） ●月経過多
原因	**亢進症** ●自己免疫疾患による甲状腺ホルモンの過剰分泌 **低下症** ●甲状腺機能の低下による、甲状腺ホルモン量の低下 ●自己免疫疾患による甲状腺機能障害
治療（薬）	**亢進症** ●甲状腺の働きを抑える薬の服用、腫れた甲状腺を切除する外科手術、放射性ヨードを内服することがあります。 **低下症** ●甲状腺ホルモン薬を服用します。甲状腺ホルモンの分泌を抑えるヨードを多く含む食品（昆布、海苔、わかめなど海藻類）は、なるべく避けます。
予後 日常生活上の 留意点	●女性に多く見られる病気です。症状に気づかず、進行すると心機能の低下、動脈硬化の進行などにつながります。 ●喫煙とストレスは、症状の悪化につながります。適度な運動で身体を動かし、また適度な休養をとり、規則正しい生活を送ることが大切です。

代謝・内分泌疾患	**糖尿病** (とうにょうびょう)
症状	● 無症状(初期) ● 口渇 (こうかつ) ● 多尿 (たにょう)、頻尿 (ひんにょう) ● 倦怠感 (けんたいかん)、疲労感、体重減少 ● できものができやすい、傷が治りにくい
原因	● 1型(膵臓 (すいぞう) のβ細胞が破壊され、インスリンが分泌されなくなる) ● 2型(インスリン分泌量の低下や働きが悪くなる) ● その他(遺伝子異常、妊娠、他)
治療(薬)	● 食事療法(食事制限。野菜(食物繊維)を多くとり、塩分、糖分、脂質は減らします)。 ● 運動療法(肥満の解消、インスリンに対する反応を高め、高血糖の改善につながります)。 ● 薬物療法(血糖降下剤、インスリン注射などの薬物治療を行います)。
予後 日常生活上の 留意点	● 感染症にかかりやすい ● 動脈硬化の悪化 ● 高血糖による、高血糖性昏睡 (こんすい) ● 薬物療法を行っているときには低血糖に注意します。発汗、動悸 (どうき)、手の震 (ふる) えなどの症状が現れたら糖分を補給すると治まります。 ● 低血糖の症状など高齢者が自分から不調を訴えることは少ないので、周囲がよく観察することが大事です。ブドウ糖や糖分などをいつも用意しておきましょう。

 ワンポイントアドバイス

低血糖への対応

　低血糖は高血糖の逆で、血液中のブドウ糖が少なくなった状態(60〜70mg/dl以下)です。ひどい場合は痙攣が起き、昏睡状態に陥ることもあります。低血糖用として販売されているブドウ糖を常備しておきましょう。ブドウ糖の甘さは菓子の甘さではないので、飴のようについ口に入れてしまうこともありません。

骨・関節疾患	**関節リウマチ**

症状	**関節** ●関節炎、朝のこわばり、関節の変形 **関節以外** ●倦怠感、微熱・体重減少、食欲不振、貧血、リウマトイド結節 （腱、肺、心臓などにできる小さな結節）
原因	●免疫異常（自己免疫疾患） ●遺伝 ●ウイルスや細菌による感染
治療（薬）	●薬物療法（非ステロイド性抗炎症薬、ステロイド薬、抗リウマチ薬など） ●リハビリテーション（運動療法、物理療法や作業療法など） ●手術療法（人工関節の挿入や関節固定術、滑膜切除術など）
予後 **日常生活上の** **留意点**	●長期療養を必要とする疾患です。 ●リウマチ治療薬（ステロイド、消炎鎮痛剤、金製剤など）による副作用に注意が必要です。
使える制度	●介護保険第2号被保険者特定疾病のひとつです。 ●身体障害手帳、障害年金の申請が可能です。 ●指定難病の医療費助成が受けられます。

 **ワンポイントアドバイス**

関節リウマチの人の自助具

　関節リウマチを悪化させないために、日常の何気ない動作（作業）にも関節を保護するための工夫が必要です。自助具もたくさん出ています。

手拭いを絞るときは蛇口にひっかけて両手で　　カップには片手を添えて　　立ち上がるときは腕全体でテーブルを押す　　工夫されたスプーン

骨・関節疾患	**骨粗鬆症**（こつそしょうしょう）

症状	●腰痛 ●背部痛、円背（えんぱい）、身長が縮む ●骨折しやすくなる
原因	**原発性骨粗鬆症** ●加齢 ●女性ホルモンの欠乏（閉経による） ●カルシウムやビタミンDの摂取不足 ●運動不足 **続発性骨粗鬆症** ●糖尿病、関節リウマチなどの病気 ● ステロイド剤の長期使用
治療（薬）	●骨吸収を防ぎ、骨密度を上げる薬や、骨の代謝を助ける薬、痛みを緩和する薬などを使用します。
予後 日常生活上の 留意点	●骨折しやすい状態になっているので、転倒には注意が必要です。 ●骨形成に必要な、カルシウムやたんぱく質、ビタミンD、ビタミンKが含まれる食品を多くとるようにしましょう。
使える制度	●介護保険第2号被保険者特定疾病の1つです。

ワンポイントアドバイス

高齢者の骨折

　高齢者は骨粗鬆症だけでなく、平衡感覚や敏速性の低下、視力障害や聴力障害、認知機能の低下などで骨折を起こしやすくなっています。原因は転倒によるものがもっとも多く、好発部位は右のとおりです。

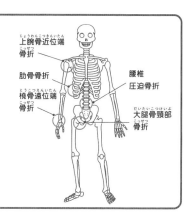

上腕骨近位端（じょうわんこつきんいたん）骨折（こっせつ）
肋骨骨折
橈骨遠位端（とうこつえんいたん）骨折（こっせつ）
腰椎
圧迫骨折
大腿骨頸部（だいたいこつけいぶ）骨折（こっせつ）

骨・関節疾患　変形性膝関節症（へんけいせいしつかんせつしょう）

症状	●動作開始時、昇降時の膝の痛み、膝に水がたまる、腫れる ●膝関節の変形（O脚） ●歩行困難、筋力低下
原因	●関節軟骨の老化 ●肥満 ●遺伝 ●後遺症（骨折、靭帯（じんたい）や半月板（はんげつばん）損傷等の外傷など）
治療（薬）	●鎮痛剤で痛みや腫れを緩和したり、膝関節内にヒアルロン酸を注射します。 ●運動療法や膝を温める物理療法もあります。
予後 日常生活上の 留意点	●悪化すると常時痛むようになり、歩行が困難となります。 ●肥満傾向の人に多く発症するので、体重コントロールが必要です。
使える制度	●介護保険第2号被保険者特定疾病の1つです。 ●身体障害者手帳の申請が可能です。

骨・関節疾患　腰部脊柱管狭窄症（ようぶせきちゅうかんきょうさくしょう）

症状	●間欠性跛行（かんけつせいはこう） ●下肢の痛み、しびれ、下肢の脱力感、下肢の筋力低下 ●排尿障害
原因	●不明
治療（薬）	●消炎鎮痛薬や血行をよくする薬などを使った薬物療法、神経ブロック注射を行う注射療法、ストレッチ体操やリハビリテーションを行う運動療法などがあります。
予後 日常生活上の 留意点	●背骨（腰）を後屈することで症状が悪化します。 ●無理な姿勢は止めましょう。
使える制度	●介護保険第2号被保険者特定疾病の1つです。 ●身体障害者手帳、障害年金の申請が可能です。 ●指定難病の医療費助成が受けられます。

皮膚疾患 帯状疱疹（たいじょうほうしん）

症状	● 神経痛様疼痛（しんけいつうようとうつう）
	● かゆみ、帯状の赤い発疹（ほっしん）
	● 頭痛、発熱
	● 水ぶくれ
原因	● 水痘帯状疱疹ウイルス
治療（薬）	● 抗ウイルス薬を使用しますが、重症の場合は入院して点滴を行います。
	● 痛みには消炎鎮痛薬や副腎皮質ステロイド剤の投与、神経ブロックを行います。
予後 日常生活上の 留意点	● 発疹が治まった後も、痛みが続く帯状疱疹後神経痛があります。
	● 皮膚症状は、通常3週間程度で治癒します。身体に無理をかけず、安静に過ごしましょう。
	● 免疫力が弱い妊婦、高齢者、子どもとの接触は避け、施設では最後に入浴するなど、配慮が必要です。

皮膚疾患 老人性皮膚掻痒症（ろうじんせいひふそうようしょう）

症状	● かゆみ
原因	● 皮脂欠乏症（ひしけつぼうしょう）（老人性乾皮症）
治療（薬）	● かゆみが強い場合は、抗ヒスタミン剤や抗アレルギー剤の内服などを行います。また、ステロイド外用剤を塗ることもあります。
予後 日常生活上の 留意点	● かゆみで皮膚をかきむしると、赤くなったり、ただれたり、湿疹になったりします。
	● 爪（つめ）を短く切る、刺激の少ない、木綿の肌着を身につけるなど工夫しましょう。
	● 肥満気味の人は腋の下、股関節（股擦れ）、乳房の下など皮膚がふれ合う部分がかゆくなりがちです。
	● 空気が乾燥する秋から冬にかけては注意が必要です。

| 皮膚疾患 | 疥癬（かいせん） |

症状	**通常疥癬** ● 疥癬トンネル（ヒゼンダニが、手のひらや指の間などの表皮角層にトンネルを掘り、卵を産みつける） ● 赤い湿疹 ● 外陰部（男性）のしこり ● 激しいかゆみ **角化型疥癬（ノルウェー疥癬）** ● 灰色や黄白色っぽい垢（角質・かさぶた）が、手足、肘、膝、爪などに蓄積
原因	● ヒゼンダニによる感染
治療（薬）	● ヒゼンダニを駆除するための飲み薬や塗り薬を使用します。 ● かゆみが強い場合は、抗ヒスタミン剤を内服します。
予後 日常生活上の 留意点	● 通常疥癬は1か月程度、角化型疥癬は2か月程度で治りますが、治癒後も定期的な検査が必要です。 **通常疥癬** ● 清潔にすることが大切です。身体をよく洗い、寝具は天日に干し、下着は毎日清潔なものを身につけます。 ● 本人と同室で就寝することは避け、タオルなどの共有はやめます。 **角化型疥癬** ● 感染力が強いため、入院中の場合は個室に隔離します。 ● 洗濯物は、50℃以上のお湯に10分間以上浸したうえで洗濯をし、十分に乾燥させます。 ● 介助者は素手で本人の身体にふれないようにします。

●通常疥癬と角化型疥癬の比較

	ヒゼンダニの数	感染力	症状	痒みの程度	好発部位
通常疥癬	数十匹以下	弱い	赤い丘診（結節） 疥癬トンネル	強い	額や顔を 除く全身
角化型 疥癬	100万〜 200万匹	強い	角質が厚く 増殖する	不定	全身

皮膚疾患 白癬（はくせん）	

症状	● 足の指の間が赤く腫れる、強いかゆみ（足白癬）
	● 足裏に水疱ができる、激しいかゆみ（足白癬）
	● 足裏、かかとの角質が硬くなる（足白癬）
	● 爪が厚く、白濁する（爪白癬）
	● 赤い発疹ができ、輪状に広がる（体部白癬）
	● 頭皮の炎症と脱毛（頭部白癬）
原因	● 白癬菌
治療（薬）	● ニゾラールやアスタットなど抗真菌薬の塗り薬による治療を行います。爪白癬に対してラミシールやイトリゾールの内服薬が処方されることもあります。完治に時間がかかるので、症状の改善が見られても自己判断でやめず、担当医の指示に従い、菌がなくなるまで治療を続けることが必要です。
予後 日常生活上の 留意点	● こまめに掃除をしたり、身体を清潔に保つことで、感染のリスクを軽減できます。再発しやすい病気ですが、しっかりと治療を行い、再発しにくい環境を整えましょう。
	● 趾間型の足白癬では、細菌が真皮内に侵入し蜂窩織炎（ほうかしきえん）などの細菌感染症を起こすことがあります。
	● 清潔にすることが大切です。外出先から帰ったら、足や手をよく洗いましょう。特に、足の指の間はしっかりと洗い、よく拭きます。入浴後は、しっかりと乾燥させます。
	● 感染者との二次接触により感染が広がります。枕、タオル、足拭きマット、靴やスリッパなどは、共有しないように本人専用のものを使用します。
	● 通気性が悪く、湿度や気温が高い環境で繁殖が活発になりますので、梅雨時〜夏にかけては、特に注意が必要です。

 白癬菌は24時間以内に洗い流せば死滅させることができます。入浴介助や訪問などで感染の疑いがある場合は、帰宅後必ず足を洗い、しっかり乾燥させておきましょう。

感覚器疾患 **白内障**
はくないしょう

症状	● ものがかすんで見える、ものが二重、三重に見える ● 明るいところがとてもまぶしく、薄暗いほうがよく見える ● 視力低下
原因	● 加齢 ● 糖尿病 ● ステロイドの長期使用 ● 外傷
治療（薬）	● 日常生活に支障がない場合は、点眼液で進行を遅らせます。 ● 視力低下など、進行した白内障では手術を行います。
予後 日常生活上の 留意点	● 手術後、感染症を起こすことがあるので、術後は不衛生な状態で目をさわらないようにします。 ● 難聴、白内障の影響で外からの情報量が減少することで、認知症になったかのように見えることがあるので注意しましょう。 ● 手術時間が短く、日帰りや短期入院での手術も可能です。

感覚器疾患 **緑内障**
りょくないしょう

症状	● 無症状 ● 暗点（見えない点）の出現 あんてん ● 視野狭窄、視力低下 しやきょうさく
原因	● 眼圧の上昇
治療（薬）	● 薬物治療による効果が見られない場合は、レーザー治療や手術を行います。
予後 日常生活上の 留意点	● 一度、失った視力や視野は、治療を行っても回復しません。あくまでも進行を遅らせることが目標です。 ● ほとんどの緑内障は自覚症状がなく、病気の進行に気がつかないことが多いので定期的に眼科を受診しましょう。 ● 精神的なショックや、疲労、不眠、喘息などにより、眼圧が急に上昇する急性緑内障発作は、一刻を争う病気なので注意が必要です。

ノロウイルス

症状	●吐き気、嘔吐 ●下痢、腹痛、発熱
おもな 感染ルート	●ノロウイルスが含まれる便や嘔吐物からの感染 ●汚染された食品や飲料水による感染
治療（薬）	●ノロウイルスに対する抗ウイルス剤はないので、対症療法になります。 ●脱水症状がある場合は、点滴を行い、水分や栄養分を補給し、体力低下を防ぎます。
予後 日常生活上の 留意点	●症状がなくても、1週間〜1か月程度、ウイルスの排出が続くことがあります。 ●嘔吐物や便を処理するときには、使い捨てのマスク、手袋、エプロンを着用し、雑巾やペーパータオルで拭き取ります。 ●調理や食事の前、トイレ後は、十分に石けんを使い、流水でしっかりすすぎます。 ●消毒用アルコールで手指を消毒します。

O157（腸管出血性大腸菌感染症）
オーイチゴーナナ　ちょうかんしゅっけつせいだいちょうきんかんせんしょう

症状	●（激しい）腹痛、発熱 ●血便、下痢、水様便
おもな 感染ルート	●牛肉や牛レバーなどの食肉などから二次汚染した食品の摂取 ●感染者からの二次感染（経口感染）
治療（薬）	●激しい腹痛や血便がある場合は点滴を行います。 ●抗菌剤が処方される場合は副作用や症状の経過に注意が必要です。
予後 日常生活上の 留意点	●下痢や腹痛が起こってから数日〜数週間後に、溶血性尿毒症症候群（HUS）や脳症といった深刻な合併症を起こすことがあります。 ●感染者の便は、使い捨ての手袋などを用い、直接ふれてはいけません。 ●熱に弱いので、食べものは中心部まで加熱しましょう。 ●症状が治っても、1〜2週間は便中に菌が含まれますので注意しましょう。

感染症　MRSA（メチリン耐性黄色ブドウ球菌感染症）

症状	● 髄膜炎 ● 意識障害 ● 肺炎、腹膜炎、腸炎 ● 敗血症
おもな 感染ルート	● 皮膚の化膿から感染 ● 保菌者、感染者からの接触感染 ● 医療器具などからの間接感染
治療（薬）	● 隔離して抗菌薬治療を行いますが、多くの抗菌薬に対して耐性があるため、治療が難しい病気です。 ● 早期治療ほど効果が高いので早く気がつくことが重要です。
予後 日常生活上の 留意点	● 予防に重点をおきます。体力がある人の保菌は問題ありません。 ● 感染に注意が必要なのは手術後の人、がんや糖尿病などを治療中の人、抗菌剤を長期に服薬している人、寝たきりの高齢者などです。 ● MRSA 保菌者に対しては、通所系サービスの入浴は最後にしてもらい浴槽を消毒します。 ● うがい、手洗い、手指の消毒を行い、運動をしたり、栄養バランスのよい食事をしたり、抵抗力、免疫力を保つ生活を心がけましょう。

 ワンポイントアドバイス

MRSA 保菌者への対応

　MRSAは院内感染のひとつとして大きな問題になっています。しかし、健康な人は、まず感染することはないので、必要以上に怖がることはありません。MRSAが鼻、のど、尿などに見られるものの感染症状が出ていない人を MRSA 保菌者といいます。保菌者には、イソジンを塗布したり、うがいを励行して除菌をはかります。指標は、イソジンなどの処置を中止したあと、3回以上MRSAの培養が陰性になることです。保菌者の隔離の必要はなく、むしろ普通に日常生活を送ることが大切です。

コラム サンタクロースはいないけれど

　認知症の方への支援で一番悩ましいことに、本人に嘘をつくことが挙げられます。デイサービスやショートステイなどで帰宅願望が強まり落ち着かない場合などは、「家族と連絡を取り合っているのでもうしばらく待ってください」などと言って利用者の意識をそらしたり、話を適当に合わせて機嫌を損ねないようにしたりすることもあります。

　今日も適当にごまかしてしまった、そんな細かな積み重ねがいつしか嘘をつくことの罪悪感を増幅させて、目の前の利用者と本当に向き合っていないのではないか、この仕事っていったい何なのだと自問自答してしまいます。嘘をつくことだけではありません、介護の現場ではさまざまな葛藤や、やりきれないことが限りなくあって、たまに流れてくるニュースを他人事とはどうしても思えません。

　私は対人援助は業務であると割り切っているつもりですが、それでもどうしても見返りを求めたくなってしまいます。利用者に何かしてあげる、これだけのことをしてあげている、だからせめて感謝の言葉がほしいとつい思ってしまいます。利用者によっては想像しえない反応が返ってきたり、エンドレスで要求のみされることもあります。家族は疲弊して、一線を越えてしまいかねない場面に遭遇することもあります。

　答えは一つではないでしょう。冷静になればいくつも選択肢は出てくると思います。でも、もし今すぐにアドバイスするなら、利用者に見返りを求めることをやめること、介護や支援で利用者とわかりあえなくともいいと割り切ることだと思います。

　嘘をつくことはつらいですが、嘘をつくことで利用者も結果的にハッピーになれるのならば、それもいいのではないかと思います。小さい頃、サンタクロースがいると信じ込まされてきましたね。けれど、大人になって、なぜあのときだましたの！　なんて思わないですよね。みんなが幸せになれる、そんな嘘もあると思うと少し気持ちが楽になります。

お役立ち資料集

認定調査

	調査項目		内容
1群 身体機能・起居動作	1-1	麻痺	1.ない　2.左上肢　3.右上肢　4.左下肢　5.右下肢　6.その他(四肢の欠損)
	1-2	拘縮	1.ない　2.肩関節　3.股関節　4.膝関節　5.その他(四肢の欠損)
	1-3	寝返り	1.つかまらないでできる　2.何かにつかまればできる　3.できない
	1-4	起き上がり	1.つかまらないでできる　2.何かにつかまればできる　3.できない
	1-5	座位保持(10分間)	1.できる　2.自分の手で支えればできる　3.支えてもらえばできる　4.できない
	1-6	両足の立位(10秒間)	1.支えなしでできる　2.何か支えがあればできる　3.できない
	1-7	歩行(5m)	1.つかまらないでできる　2.何かにつかまればできる　3.できない
	1-8	立ち上がり	1.つかまらないでできる　2.何かにつかまればできる　3.できない
	1-9	片足での立位(1秒間)	1.支えなしでできる　2.何か支えがあればできる　3.できない
	1-10	洗身	1.介助されていない　2.一部介助　3.全介助　4.行っていない
	1-11	つめ切り	1.介助されていない　2.一部介助　3.全介助
	1-12	視力	1.普通(日常生活に支障がない) 2.約1m離れた視力確認表の図表が見える 3.目の前に置いた視力確認表の図が見える 4.ほとんど見えない 5.見えているのか判断不能
	1-13	聴力	1.普通 2.普通の声がやっと聞き取れる 3.かなり大きな声なら何とか聞き取れる 4.ほとんど聞こえない 5.聞こえているのか判断不能
2群 生活機能	2-1	移乗	1.介助されていない　2.見守り等　3.一部介助　4.全介助
	2-2	移動	1.介助されていない　2.見守り等　3.一部介助　5.全介助
	2-3	えん下	1.できる　2.見守り等　3.できない
	2-4	食事摂取	1.介助されていない　2.見守り等　3.一部介助　4.全介助
	2-5	排尿	1.介助されていない　2.見守り等　3.一部介助　4.全介助
	2-6	排便	1.介助されていない　2.見守り等　3.一部介助　4.全介助
	2-7	口腔清潔	1.介助されていない　2.一部介助　3.全介助
	2-8	洗顔	1.介助されていない　2.一部介助　3.全介助
	2-9	整髪	1.介助されていない　2.一部介助　3.全介助
	2-10	上衣の着脱	1.介助されていない　2.見守り等　3.一部介助　4.全介助
	2-11	ズボン等の着脱	1.介助されていない　2.見守り等　3.一部介助　4.全介助
	2-12	外出頻度	1.週1回以上　2.月1回以上　3.月1回未満
3群	3-1	意思の伝達	1.調査対象者が意思を他者に伝達できる 2.ときどき伝達できる 3.ほとんど伝達できない 4.できない

3群 認知機能	3-2	毎日の日課の理解	1.できる　2.できない
	3-3	生年月日（年齢）	1.できる　2.できない
	3-4	短期記憶	1.できる　2.できない
	3-5	自分の名前	1.できる　2.できない
	3-6	今の季節の理解	1.できる　2.できない
	3-7	場所の理解	1.できる　2.できない
	3-8	徘徊	1.ない　2.ときどきある　3.ある
	3-9	外出して戻れない	1.ない　2.ときどきある　3.ある
4群 精神障害・行動障害	4-1	被害妄想	1.ない　2.ときどきある　3.ある
	4-2	作話	1.ない　2.ときどきある　3.ある
	4-3	感情が不安定	1.ない　2.ときどきある　3.ある
	4-4	昼夜逆転	1.ない　2.ときどきある　3.ある
	4-5	同じ話をする	1.ない　2.ときどきある　3.ある
	4-6	大声を出す	1.ない　2.ときどきある　3.ある
	4-7	介護に抵抗	1.ない　2.ときどきある　3.ある
	4-8	落ち着きなし	1.ない　2.ときどきある　3.ある
	4-9	1人で出たがる	1.ない　2.ときどきある　3.ある
	4-10	収集癖	1.ない　2.ときどきある　3.ある
	4-11	物や衣類を壊す	1.ない　2.ときどきある　3.ある
	4-12	ひどい物忘れ	1.ない　2.ときどきある　3.ある
	4-13	独り言・独り笑い	1.ない　2.ときどきある　3.ある
	4-14	自分勝手に行動する	1.ない　2.ときどきある　3.ある
	4-15	話がまとまらない	1.ない　2.ときどきある　3.ある
5群 社会生活への適応	5-1	薬の内服	1.介助されていない　2.一部介助　3.全介助
	5-2	金銭の管理	1.介助されていない　2.一部介助　3.全介助
	5-3	日常の意思決定	1.できる（特別な場合でもできる）　2.特別な場合を除いてできる　3.日常的に困難　4.できない
	5-4	集団への不適応	1.ない　2.ときどきある　3.ある
	5-5	買い物	1.介助されていない　2.見守り等　3.一部介助　4.全介助
	5-6	簡単な調理	1.介助されていない　2.見守り等　3.一部介助　4.全介助
6 過去14日間に受けた医療		処置内容	1.点滴の管理　2.中心静脈栄養　3.透析　4.ストーマの処置　5.酸素療法　6.人工呼吸器　7.気管切開の処置　8.疼痛の看護　9.経管栄養
		特別な対応	10.モニター測定（血圧、心拍、酸素飽和度など）　11.褥瘡の処置　12.カテーテル（コンドームカテーテル、留置カテーテル、ウロストーマなど）
7 日常生活自立度について		障害高齢者の日常生活自立度（寝たきり度）	自立・J1・J2・A1・A2・B1・B2・C1・C2
		認知症高齢者の日常生活自立度	自立・I・Ⅱa・Ⅱb・Ⅲa・Ⅲb・Ⅳ・M

日常生活自立度

◆ 障害高齢者の日常生活自立度（寝たきり度）

生活自立	ランクJ	何らかの障害等を有するが、日常生活はほぼ自立しており独力で外出する 1．交通機関等を利用して外出する 2．隣近所へなら外出する
準寝たきり	ランクA	屋内での生活は概ね自立しているが、介助なしには外出しない 1．介助により外出し、日中はほとんどベッドから離れて生活する 2．外出の頻度が少なく、日中も寝たり起きたりの生活をしている
寝たきり	ランクB	屋内での生活は何らかの介助を要し、日中もベッド上での生活が主体であるが、座位を保つ 1．車いすに移乗し、食事、排泄はベッドから離れて行う 2．介助により車いすに移乗する
	ランクC	1日中ベッド上で過ごし、排泄、食事、着替において介助を要する 1．自力で寝返りをうつ 2．自力では寝返りもうてない

◆ 認知症高齢者の日常生活自立度

ランク	判断基準	見られる症状行動の例
Ⅰ	何らかの認知症を有するが、日常生活は家庭内及び社会的にほぼ自立している	
Ⅱ	日常生活に支障を来たすような症状・行動や意思疎通の困難さが多少見られても、誰かが注意していれば自立できる	
Ⅱa	家庭外で上記Ⅱの状態がみられる	たびたび道に迷うとか、買物や事務、金銭管理などそれまでできたことにミスが目立つ等
Ⅱb	家庭内でも上記Ⅱの状態が見られる	服薬管理ができない、電話の応対や訪問者との対応など一人で留守番ができない等
Ⅲ	日常生活に支障を来たすような症状・行動や意思疎通の困難さが見られ、介護を必要とする	
Ⅲa	日中を中心として上記Ⅲの状態が見られる	着替え、食事、排便、排尿が上手にできない、時間がかかる。やたらに物を口に入れる、物を拾い集める、徘徊、失禁、大声・奇声をあげる、火の不始末、不潔行為、性的異常行為等
Ⅲb	夜間を中心として上記Ⅲの状態が見られる	ランクⅢaに同じ
Ⅳ	日常生活に支障を来たすような症状・行動や意思疎通の困難さが頻繁に見られ、常に介護を必要とする	ランクⅢに同じ
M	著しい精神症状や問題行動あるいは重篤な身体疾患が見られ、専門医療を必要とする	せん妄、妄想、興奮、自傷・他害等の精神症状や精神症状に起因する問題行動が継続する状態等

主な加算・減算

◆訪問介護の主な加算

内容	単位
早朝（6〜8時）夜間（18時〜22時）	＋25％
深夜（22〜6時）	＋50％
初回加算	＋200／月
緊急時訪問介護加算	＋100／回
2人訪問	×200％
生活機能向上連携加算Ⅰ・Ⅱ	＋100／月・＋200／月
口腔連携強化加算	＋50／回（月1回限度）
認知症専門ケア加算Ⅰ・Ⅱ	＋3／日・＋4／日
特定事業所加算Ⅰ	＋20％
特定事業所加算Ⅱ・Ⅲ	＋10％
特定事業所加算Ⅳ・Ⅴ	＋3％

◆訪問看護の主な加算

内容	単位
早朝（6〜8時）夜間（18時〜22時）	＋25％
深夜（22〜6時）	＋50％
初回加算Ⅰ・Ⅱ	＋350／月・＋300／月
緊急時訪問看護加算Ⅰ・Ⅱ（ステーション）	＋600／月・＋574／月
複数名訪問加算Ⅰ（30分未満・以上）	＋254／回・＋402／回
専門管理加算	＋250／月（月1回限度）
特別管理加算Ⅰ・Ⅱ	＋500／月・＋250／月
ターミナルケア加算	＋2,500／死亡月
退院時共同指導加算	＋600／回
看護・介護職員連携強化加算	＋250／月
看護体制強化加算Ⅰ・Ⅱ	＋550／月・＋200／月
口腔連携強化加算	＋50／回（月1回限度）
サービス提供体制強化加算Ⅰ・Ⅱ	＋6／回、＋3／回

◆訪問入浴介護の主な加算

内容	単位
初回加算	＋200／月
認知症専門ケア加算Ⅰ・Ⅱ	＋3／日・＋4／日
看取り連携体制加算	＋64／回（死亡日以前30日以内）
サービス提供体制強化加算Ⅰ・Ⅱ・Ⅲ	＋44／回・＋36／回・＋12／回

◆訪問リハビリテーションの主な加算

内容	単位
リハビリテーションマネジメント加算イ・ロ	＋180／月・＋213／月
リハビリテーションマネジメント加算	＋270／月（医師が説明）
短期集中リハビリテーション実施加算	＋200／日
認知症短期集中リハビリテーション実施加算	＋240／日（週2日限度）
口腔連携強化加算	＋50／回（月1回限度）
退院時共同指導加算	＋600／回
移行支援加算	＋17／日
サービス提供体制強化加算Ⅰ・Ⅱ	＋6／回・＋3／回

◆通所介護の主な加算・減算

内容		単位
入浴介助加算Ⅰ・Ⅱ		＋40／日・＋55／日
個別機能訓練加算Ⅰイ・Ⅰロ		＋56／日・＋76／日
個別機能訓練加算Ⅱ		＋20／月
生活機能向上連携加算Ⅰ		＋100／月（3か月に1回限度）
生活機能向上連携加算Ⅱ		＋200／月（個別機能訓練加算算定時は＋100／月）
ADL維持等加算Ⅰ・Ⅱ		＋30／月・＋60／月
栄養アセスメント加算		＋50／月
栄養改善加算		＋200／回（月2回限度）
口腔・栄養スクリーニング加算Ⅰ・Ⅱ		＋20／回（6か月に1回限度）・＋5／回（6か月に1回限度）
口腔機能向上加算Ⅰ・Ⅱ		＋150／月（月2回限度）・＋160／月（月2回限度）
科学的介護推進体制加算		＋40／月
中重度者ケア体制加算		＋45／日
認知症加算		＋60／日
若年性認知症利用者受入加算		＋60／日
短時間（2~3時間）利用		4～5時間×70％
延長加算	9~10時間	＋50／日
	10~11時間	＋100／日
	11~12時間	＋150／日
	12~13時間	＋200／日
	13~14時間	＋250／日
送迎未実施		－47／片道
サービス提供体制強化加算Ⅰ・Ⅱ・Ⅲ		＋22／回・＋18／回・＋6／回

◆通所リハビリテーションの主な加算・減算

内容		単位
入浴介助加算Ⅰ・Ⅱ		＋40／日・＋60／日
リハビリテーションマネジメント加算イ		＋560／月（6か月以内） ＋240／月（6か月超）
リハビリテーションマネジメント加算ロ		＋593／月（6か月以内） ＋273／月（6か月超）
リハビリテーションマネジメント加算ハ		＋793／月（6か月以内） ＋473／月（6か月超）
リハビリテーションマネジメント加算		＋270／月（医師が説明）
短期集中リハビリテーション実施加算		＋110／日
認知症短期集中リハビリテーション実施加算Ⅰ		＋240／日（週2回限度）
認知症短期集中リハビリテーション実施加算Ⅱ		＋1,920／月
生活行為向上リハビリテーション実施加算		＋1,250／月（6か月以内）
栄養アセスメント加算		＋50／月
栄養改善加算		＋200／回（月2回限度）
口腔・栄養スクリーニング加算Ⅰ・Ⅱ		＋20／回（6か月に1回限度）・ ＋5／回（6か月に1回限度）
口腔機能向上加算Ⅰ		＋150／月（月2回限度）
口腔機能向上加算Ⅱイ・Ⅱロ		＋155／月（月2回限度）・ ＋160／月（月2回限度）
科学的介護推進体制加算		＋40／月
重度療養管理加算		＋100／日
中重度者ケア体制加算		＋20／日
若年性認知症利用者受入加算		＋60／日
退院時共同指導加算		＋600／回
移行支援加算		＋12／日
リハビリテーション提供体制加算	3~4時間	＋12／回
	4~5時間	＋16／回
	5~6時間	＋20／回
	6~7時間	＋24／回
	7時間～	＋28／回
送迎未実施		－47／片道
理学療法士等体制強化加算		＋30／日
サービス提供体制強化加算Ⅰ・Ⅱ・Ⅲ		＋22／回・＋18／回・ ＋6／回

地域区分の加算と適用地域

地域区分	上乗せ割合		地 域
1級地	20%	東京都	特別区
2級地	16%	東京都	町田市、狛江市、多摩市、調布市
		神奈川県	横浜市、川崎市
		大阪府	大阪市
3級地	15%	千葉県	千葉市、浦安市
		埼玉県	さいたま市
		東京都	八王子市、武蔵野市、府中市、調布市、小金井市、小平市、日野市、国分寺市、稲城市、西東京市、三鷹市、青梅市、国立市、清瀬市、東久留米市、東村山市
		神奈川県	鎌倉市、厚木市
		愛知県	名古屋市、刈谷市、豊田市
		大阪府	守口市、大東市、門真市
		兵庫県	西宮市、芦屋市、宝塚市
4級地	12%	茨城県	牛久市
		埼玉県	朝霞市、志木市、和光市
		千葉県	船橋市、成田市、習志野市
		東京都	立川市、昭島市、東大和市
		神奈川県	相模原市、藤沢市、逗子市、海老名市、横須賀市、三浦市
		大阪府	豊中市、池田市、吹田市、高槻市、寝屋川市、箕面市、四条畷市
		兵庫県	神戸市
5級地	10%	茨城県	龍ケ崎市、取手市、つくば市、守谷市、水戸市、日立市
		埼玉県	新座市、ふじみ野市、川口市、草加市、戸田市、八潮市
		千葉県	佐倉市、市原市、四街道市、市川市、松戸市、八千代市、印西市、栄町、袖ケ浦市
		東京都	あきる野市、日の出町、福生市
		神奈川県	平塚市、小田原市、茅ヶ崎市、綾瀬市、大和市、伊勢原市、座間市、寒川町、愛川町、葉山町
		愛知県	知立市、豊明町、みよし市
		滋賀県	大津市、草津市、栗東市
		京都府	京都市、長岡京市
		大阪府	堺市、枚方市、茨木市、八尾市、松原市、摂津市、高石市、東大阪市、交野市
		兵庫県	尼崎市、伊丹市、川西市、三田市
		広島県	広島市、府中町
		福岡県	福岡市、春日市
6級地	6%	宮城県	仙台市、多賀城市
		茨城県	土浦市、古河市、利根町
		栃木県	宇都宮市、野木町
		群馬県	高崎市
		埼玉県	川越市、行田市、所沢市、飯能市、加須市、東松山市、春日部市、狭山市、羽生市、鴻巣市、上尾市、越谷市、蕨市、入間市、桶川市、久喜市、北本市、富士見市、三郷市、蓮田市、坂戸市、幸手市、鶴ヶ島市、吉川市、白岡市、伊奈町、三芳町、宮代町、杉戸町、松伏町
		千葉県	柏市、酒々井町、野田市、茂原市、流山市、我孫子市、鎌ヶ谷市、白井市、木更津市
		東京都	武蔵村山市、羽村市、奥多摩町、瑞穂町、檜原村
		神奈川県	秦野市、大磯町、二宮町、清川村、中井町
		岐阜県	岐阜市

		静岡県	静岡市
		愛知県	岡崎市、一宮市、瀬戸市、春日井市、津島市、碧南市、安城市、西尾市、犬山市、江南町、稲沢市、尾張旭市、岩倉市、愛西市、清須市、北名古屋市、弥富市、あま市、大治町、蟹江町、日進町、長久手市、東郷町、豊山町、飛島村
		三重県	津市、四日市市、桑名市、鈴鹿市、亀山市
		滋賀県	彦根市、守山市、甲賀市
		京都府	宇治市、亀岡市、城陽市、向日市、長岡京市、八幡市、京田辺市、木津川市、大山崎町、精華町
		大阪府	岸和田市、泉大津市、貝塚市、泉佐野市、富田林市、河内長野市、和泉市、柏原市、羽曳野市、藤井寺市、泉南市、大阪狭山市、阪南市、島本町、豊能町、能勢町、忠岡町、熊取町、田尻町、岬町、太子町、千早赤阪村、河南町
		兵庫県	明石市、猪名川町
		奈良県	奈良市、大和郡山市、生駒市
		和歌山県	和歌山市、橋本市
		福岡県	大野城市、太宰府市、福津市、糸島市、那珂川市、粕屋町
7級地	3%	北海道	札幌市
		茨城県	結城市、下妻市、常総市、笠間市、ひたちなか市、那珂市、筑西市、坂東市、稲敷市、つくばみらい市、大洗町、阿見町、河内町、八千代町、五霞町、境町
		栃木県	栃木市、鹿沼市、日光市、小山市、真岡市、大田原市、さくら市、下野市、壬生町
		群馬県	前橋市、伊勢崎市、太田市、渋川市、榛東村、吉岡町、玉村町
		埼玉県	熊谷市、深谷市、日高市、毛呂山町、越生町、滑川町、川島町、吉見町、鳩山町、寄居町
		千葉県	東金市、君津市、八街市、富里市、山武市、大網白里市、長柄町、長南町、富津市
		神奈川県	南足柄市、山北町、箱根町
		新潟県	新潟市
		富山県	富山市
		石川県	金沢市、内灘町
		福井県	福井市
		山梨県	甲府市、南アルプス市、南部町
		長野県	長野市、松本市、塩尻市
		岐阜県	大垣市、多治見市、美濃加茂市、各務原市、可児市
		静岡県	浜松市、沼津市、三島市、富士宮市、富士市、磐田市、焼津市、掛川市、藤枝市、御殿場市、袋井市、裾野市、函南町、清水町、長泉町、小山町、川根本町、森町
		愛知県	豊橋市、半田市、豊川市、蒲郡市、常滑市、小牧市、新城市、東海市、大府市、知多市、高浜市、田原市、大口町、扶桑町、阿久比町、東浦町、武豊町、幸田町、設楽町、東栄町、豊根村
		三重県	名張市、いなべ市、伊賀市、木曽岬町、東員町、朝日町、川越町、菰野町
		滋賀県	長浜市、近江八幡市、野洲市、湖南市、高島市、東近江市、日野町、竜王町
		京都府	久御山町
		兵庫県	姫路市、加古川市、三木市、高砂市、稲美町、播磨町
		奈良県	大和高田市、天理市、橿原市、桜井市、御所市、香芝市、葛城市、宇陀市、山添村、平群町、三郷町、斑鳩町、安堵町、川西町、三宅町、田原本町、曽爾村、明日香村、上牧町、王寺町、広陵町、河合町
		岡山県	岡山市
		広島県	東広島市、廿日市市、海田町、熊野町、坂町
		山口県	周南市
		徳島県	徳島市
		香川県	高松市
		福岡県	北九州市、飯塚市、筑紫野市、古賀市
		長崎県	長崎市
その他	0%		その他の地域

地域別・介護サービス別換算率

	1級地	2級地	3級地	4級地	5級地	6級地	7級地	その他
・訪問介護 ・訪問入浴介護 ・訪問看護 ・定期巡回・随時対応型訪問介護看護 ・夜間対応型訪問介護 ・居宅介護支援 ・介護予防支援	11.40 円	11.12 円	11.05 円	10.84 円	10.70 円	10.42 円	10.21 円	10 円
・訪問リハビリテーション ・通所リハビリテーション ・短期入所生活介護 ・認知症対応型通所介護 ・小規模多機能型居宅介護 ・看護小規模多機能型居宅介護	11.10 円	10.88 円	10.83 円	10.66 円	10.55 円	10.33 円	10.17 円	10 円
・（地域密着型）通所介護 ・短期入所療養介護 ・特定施設入居者生活介護 ・認知症対応型共同生活介護 ・地域密着型特定施設入居者生活介護 ・地域密着型介護老人福祉施設入所者 　生活介護 ・介護老人福祉施設 ・介護老人保健施設 ・介護医療院	10.90 円	10.72 円	10.68 円	10.54 円	10.45 円	10.27 円	10.14 円	10 円
・居宅療養管理指導 ・福祉用具貸与	10 円							

※サービス種類については、介護予防サービスのある居宅サービス及び地域密着型サービスは介護予防サービスを含む。

老計10号

「訪問介護におけるサービス行為ごとの区分等について」の一部改正について

2018年　厚生労働省（一部抜粋）

1 身体介護

　身体介護とは、①利用者の身体に直接接触して行う介助サービス（そのために必要となる準備、後かたづけ等の一連の行為を含む）、②利用者のADL・IADL・QOLや意欲の向上のために利用者と共に行う自立支援・重度化防止のためのサービス、③その他専門的知識・技術（介護を要する状態となった要因である心身の障害や疾病等に伴って必要となる特段の専門的配慮）をもって行う利用者の日常生活上・社会生活上のためのサービスをいう。（仮に、介護等を要する状態が解消されたならば不要※となる行為であるということができる。）

※ 例えば入浴や整容などの行為そのものは、たとえ介護を要する状態等が解消されても日常生活上必要な行為であるが、要介護状態が解消された場合、これらを「介助」する行為は不要となる。同様に、「特段の専門的配慮をもって行う調理」についても、調理そのものは必要な行為であるが、この場合も要介護状態が解消されたならば、流動食等の「特段の専門的配慮」は不要となる。

◆ 1-0 サービス準備・記録等

　サービス準備は、身体介護サービスを提供する際の事前準備等として行う行為であり、状況に応じて以下のようなサービスを行うものである。

1-0-1 健康チェック

　利用者の安否確認、顔色・発汗・体温等の健康状態のチェック

1-0-2 環境整備

　換気、室温・日あたりの調整、ベッドまわりの簡単な整頓等

1-0-3 相談援助、情報収集・提供

1-0-4 サービス提供後の記録等

◆ 1-1 排泄・食事介助

1-1-1 排泄介助

1-1-1-1 トイレ利用

●トイレまでの安全確認→声かけ・説明→トイレへの移動（見守りを含む）→脱衣→排便・排尿→後始末→着衣→利用者の清潔介助→居室への移動→ヘルパー自身の清潔動作

●（場合により）失禁・失敗への対応（汚れた衣服の処理、陰部・臀部の清潔介助、便器等の簡単な清掃を含む）

1-1-1-2 ポータブルトイレ利用

●安全確認→声かけ・説明→環境整備（防水シートを敷く、衝立を立てる、ポータブルトイレを適切な位置に置くなど）→立位をとり脱衣（失禁の確認）→ポータブルトイレへの移乗→排便・排尿→後始末→立位をとり着衣→利用者の清潔介助→元の場所に戻り、安楽な姿勢の確保→ポータブルトイレの後始末→ヘルパー自身の清潔動作

●（場合により）失禁・失敗への対応（汚れた衣服の処理、陰部・臀部の清潔介助）

1-1-1-3 おむつ交換

●声かけ・説明→物品準備（湯・タオル・ティッシュペーパー等）→新しいおむつの準備→脱衣（おむつを開く→尿パットをとる）→陰部・臀部洗浄（皮膚の状態などの観察、パッティング、乾燥）→おむつの装着→おむつの具合の確認→着衣→汚れたおむつの後始末→使用物品の後始末→ヘルパー自身の清潔動作

●（場合により）おむつから漏れて汚れたリネン等の交換

●（必要に応じ）水分補給

1-1-2 食事介助

◉ 声かけ・説明（覚醒確認）→安全確認（誤飲兆候の観察）→ヘルパー自身の清潔動作→準備（利用者の手洗い、排泄、エプロン・タオル・おしぼりなどの物品準備）→食事場所の環境整備→食事姿勢の確保（ベッド上での座位保持を含む）→配膳→メニュー・材料の説明→摂食介助（おかずをきざむ・つぶす、吸い口で水分を補給するなどを含む）→服薬介助→安楽な姿勢の確保→気分の確認→食べこぼしの処理→後始末（エプロン・タオルなどの後始末、下膳、残滓の処理、食器洗い）→ヘルパー自身の清潔動作

1-1-3 特段の専門的配慮をもって行う調理

嚥下困難者のための流動食等の調理

◆ 1-2 清拭・入浴、身体整容

1-2-1 清拭（全身清拭）

◉ ヘルパー自身の身支度→物品準備（湯・タオル・着替えなど）→声かけ・説明→顔・首の清拭→上半身脱衣→上半身の皮膚等の観察→上肢の清拭→胸・腹の清拭→背の清拭→上半身着衣→下肢脱衣→下肢の皮膚等の観察→下肢の清拭→陰部・臀部の清拭→下肢着衣→身体状況の点検・確認→水分補給→使用物品の後始末→汚れた衣服の処理→ヘルパー自身の清潔動作

1-2-2 部分浴

1-2-2-1 手浴及び足浴

◉ ヘルパー自身の身支度→物品準備（湯・タオルなど）→声かけ・説明→適切な体位の確保→脱衣→皮膚等の観察→手浴・足浴→体を拭く・乾かす→着衣→安楽な姿勢の確保→水分補給→身体状況の点検・確認→使用物品の後始末→ヘルパー自身の清潔動作

1-2-2-2 洗髪

◉ ヘルパー自身の身支度→物品準備（湯・タオルなど）→声かけ・説明→適切な体位の確保→洗髪→髪を拭く・乾かす→安楽な姿勢の確保→水分補給→身体状況の点検・確認→使用物品の後始末→ヘルパー自身の清潔動作

1-2-3 全身浴

◉ 安全確認（浴室での安全）→声かけ・説明→浴槽の清掃→湯はり→物品準備（タオル・着替えなど）→ヘルパー自身の身支度→排泄の確認→脱衣室の温度確認→脱衣→皮膚等の観察→浴室への移動→湯温の確認→入湯→洗体・すすぎ→洗髪・すすぎ→入湯→体を拭く→着衣→身体状況の点検・確認→髪の乾燥、整髪→浴室から居室への移動→水分補給→汚れた衣服の処理→浴槽の簡単な後始末→使用物品の後始末→ヘルパー自身の身支度、清潔動作

1-2-4 洗面等

◉ 洗面所までの安全確認→声かけ・説明→洗面所への移動→座位確保→物品準備（歯ブラシ、歯磨き粉、ガーゼなど）→洗面用具準備→洗面（タオルで顔を拭く、歯磨き見守り・介助、うがい見守り・介助）→居室への移動（見守りを含む）→使用物品の後始末→ヘルパー自身の清潔動作

1-2-5 身体整容（日常的な行為としての身体整容）

◉ 声かけ・説明→鏡台等への移動（見守りを含む）→座位確保→物品の準備→整容（手足の爪きり、耳そうじ、髭の手入れ、髪の手入れ、簡単な化粧）→使用物品の後始末→ヘルパー自身の清潔動作

1-2-6 更衣介助

◉ 声かけ・説明→着替えの準備（寝間着・下着・外出着・靴下等）→上半身脱衣→上半身着衣→下半身脱衣→下半身着衣→靴下を脱がせる→靴下を履かせる→着替えた衣類を洗濯物置き場に運ぶ→スリッパや靴を履かせる

◆ 1-3 体位変換、移動・移乗介助、外出介助

1-3-1 体位変換

◉ 声かけ、説明→体位変換（仰臥位から側臥位、側臥位から仰臥位）→良肢位の確保（腰・肩をひく等）→安楽な姿勢の保持（座布団・パットなどあて物をする等）→確認（安楽なのか、めまいはないのかなど）

1-3-2 移乗・移動介助

1-3-2-1 移乗

● 車いすの準備→声かけ・説明→ブレーキ・タイヤ等の確認→ベッドサイドで端座位の保持→立位→車いすに座らせる→座位の確保（後ろにひく、ずれを防ぐためあて物をするなど）→フットレストを下げて片方ずつ足を乗せる→気分の確認○その他の補装具（歩行器、杖）の準備→声かけ・説明→移乗→気分の確認

1-3-2-2 移動

● 安全移動のための通路の確保（廊下・居室内等）→声かけ・説明→移動（車いすを押す、歩行器に手をかける、手を引くなど）→気分の確認

1-3-3 通院・外出介助

● 声かけ・説明→目的地（病院等）に行くための準備→バス等の交通機関への乗降→気分の確認→受診等の手続き

●（場合により）院内の移動等の介助

◆ 1-4 起床及び就寝介助

1-4-1 起床・就寝介助

1-4-1-1 起床介助

● 声かけ・説明（覚醒確認）→ベッドサイドでの端座位の確保→ベッドサイドでの起きあがり→ベッドからの移動（両手を引いて介助）→気分の確認

●（場合により）布団をたたみ押入に入れる

1-4-1-2 就寝介助

● 声かけ・説明→準備（シーツのしわをのばし食べかすやほこりをはらう、布団やベッド上のものを片づける等）→ベッドへの移動（両手を引いて介助）→ベッドサイドでの端座位の確保→ベッド上での仰臥位又は側臥位の確保→リネンの快適さの確認（掛け物を気温によって調整する等）→気分の確認

●（場合により）布団を敷く

◆ 1-5 服薬介助

● 水の準備→配剤された薬をテーブルの上に出し、確認（飲み忘れないようにする）→本人が薬を飲むのを手伝う→後かたづけ、確認

◆ 1-6 自立生活支援・重度化防止のための見守り的援助（自立支援、ADL・IADL・QOL向上の観点から安全を確保しつつ常時介助できる状態で行う見守り等）

● ベッド上からポータブルトイレ等（いす）へ利用者が移乗する際に、転倒等の防止のため付き添い、必要に応じて介助を行う。

● 認知症等の高齢者がリハビリパンツやパット交換を見守り・声かけを行うことにより、一人で出来るだけ交換し後始末が出来るように支援する。

● 認知症等の高齢者に対して、ヘルパーが声かけと誘導で食事・水分摂取を支援する。

● 入浴、更衣等の見守り（必要に応じて行う介助、転倒予防のための声かけ、気分の確認などを含む）

● 移動時、転倒しないように側について歩く（介護は必要時だけで、事故がないように常に見守る）

● ベッドの出入り時など自立を促すための声かけ（声かけや見守り中心で必要な時だけ介助）

● 本人が自ら適切な服薬ができるよう、服薬時において、直接介助は行わずに、側で見守り、服薬を促す。

● 利用者と一緒に手助けや声かけ及び見守りしながら行う掃除、整理整頓（安全確認の声かけ、疲労の確認を含む）

● ゴミの分別が分からない利用者と一緒に分別をしてゴミ出しのルールを理解してもらう又は思い出してもらうよう援助

● 認知症の高齢者の方と一緒に冷蔵庫のなかの整理等を行うことにより、生活歴の喚起を促す。

● 洗濯物を一緒に干したりたたんだりすることにより自立支援を促すとともに、転倒予防等のため

- の見守り・声かけを行う。
- 利用者と一緒に手助けや声かけ及び見守りしながら行うベッドでのシーツ交換、布団カバーの交換等
- 利用者と一緒に手助けや声かけ及び見守りしながら行う衣類の整理・被服の補修
- 利用者と一緒に手助けや声かけ及び見守りしながら行う調理、配膳、後片付け（安全確認の声かけ、疲労の確認を含む）
- 車イス等での移動介助を行って店に行き、本人が自ら品物を選べるよう援助
- 上記のほか、安全を確保しつつ常時介助できる状態で行うもの等であって、利用者と訪問介護員等がともに日常生活に関する動作を行うことが、ADL・IADL・QOL向上の観点から、利用者の自立支援・重度化防止に資するものとしてケアプランに位置付けられたもの

2 生活援助

　生活援助とは、身体介護以外の訪問介護であって、掃除、洗濯、調理などの日常生活の援助（そのために必要な一連の行為を含む）であり、利用者が単身、家族が障害・疾病などのため、本人や家族が家事を行うことが困難な場合に行われるものをいう。（生活援助は、本人の代行的なサービスとして位置づけることができ、仮に、介護等を要する状態が解消されたとしたならば、本人が自身で行うことが基本となる行為であるということができる。）
※ 次のような行為は生活援助の内容に含まれないものであるので留意すること。
　① 商品の販売・農作業等生業の援助的な行為
　② 直接、本人の日常生活の援助に属しないと判断される行為

◆ 2-0 サービス準備等
　サービス準備は、生活援助サービスを提供する際の事前準備等として行う行為であり、状況に応じて以下のようなサービスを行うものである。
2-0-1 健康チェック
　利用者の安否確認、顔色等のチェック
2-0-2 環境整備
　換気、室温・日あたりの調整等
2-0-3 相談援助、情報収集・提供
2-0-4 サービスの提供後の記録等

◆ 2-1 掃除
- 居室内やトイレ、卓上等の清掃　● ゴミ出し　● 準備・後片づけ

◆ 2-2 洗濯
- 洗濯機または手洗いによる洗濯　● 洗濯物の乾燥（物干し）
- 洗濯物の取り入れと収納　● アイロンがけ

◆ 2-3 ベッドメイク
- 利用者不在のベッドでのシーツ交換、布団カバーの交換等

◆ 2-4 衣類の整理・被服の補修
- 衣類の整理（夏・冬物等の入れ替え等）　● 被服の補修（ボタン付け、破れの補修等）

◆ 2-5 一般的な調理、配下膳
- 配膳、後片づけのみ　● 一般的な調理

◆ 2-6 買い物・薬の受け取り
- 日常品等の買い物（内容の確認、品物・釣り銭の確認を含む）　● 薬の受け取り

付　録

介護・医療用語集

英文字

ACP

Advance Care Planning 人生会議の略。もしものときにどのような医療やケアを望むのか、前もって本人を主体にその家族や近しい人、医療・ケアチームが繰り返し話し合いを行い、本人による意思決定を支援するプロセス。

ADL

Activities of Daily Living 日常生活動作の略。食事、排泄、入浴など、生活するうえで普通に行っている行為、行動のこと。要介護高齢者や障害のある人が、どの程度自立的な生活が可能かを評価する指標としても使われる。

BCP

Business Continuity Plan 業務継続計画の略。新型コロナウイルスなどの感染症、大震災などの自然災害に備えて、業務を中断させないよう、または中断した場合でも可能な限り短期間で復旧させるための方針、体制、手順などを示した計画。

BPSD

Behavioral and Psychological Symptoms of Dementia の略。認知症に伴う徘徊や妄想・攻撃的行動・不潔行為・異食などの行動・心理症状を指す。周辺症状とも

いう。記憶の障害・実行機能障害などの中核症状とは区別する。

DM

Diabetes Mellitus の略。糖尿病のこと。

IADL

Instrumental Activities of Daily Living の略。手段的ADL、道具的ADLと訳される。調理、買い物、金銭管理、バスや電車に乗るなど、ADLを応用した動作が必要な行為、行動のこと。

ICF

International Classification of Functioning、Disability and Health（国際生活機能分類）の略。「ICIDH」の改訂版で、2001年世界保健機関（WHO）で採択された。障害を参加の制限ととらえ、さらに環境因子等の観点を加えたことが特徴。

IVH

Intravenous Hyperalimentation。中心静脈栄養法。主に鎖骨下の大静脈にカテーテルを挿入して、高カロリーの栄養を投与する方法。手術後など経口摂取が難しい場合に行われる。

MRI

Magnetic Resonance Imaging（磁気共鳴画像診断装置）。磁気の力を利用して臓器

や血管を撮影する検査。

●MSW

Medical Social Worker（医療ソーシャルワーカー）の略。主に病院において患者の心理的・社会的課題を調整・援助し、社会復帰の促進を図る専門職。

●OJT

On the Job Training の略。職場の上司や先輩が部下や後輩に対して、実際の仕事を通じて必要な知識や技術などを指導する教育方法。

●PDCA

Plan（計画）Do（実行）Check（評価）Action（改善）を繰り返すことによって、業務の効率化を目指す方法。ケアマネジメント業務の一連の流れもこれに当てはまる。

●PSW

Psychiatric Social Worker（精神科ソーシャルワーカー：精神保健福祉士）の略。精神障害をもつ人たちに対して、相談・助言・指導・訓練などの援助を行う人または資格。

●QOL

Quality of Life。「生活の質」と訳され、精神面を含めた生活全体の豊かさを評価する概念。介護現場では、「QOLが高い」「QOLが向上する」という表現で使われている。

あ

●アウトリーチ

社会福祉を必要としているにも関わらず自らは進んで申請を行わない人に対して、援助者側から積極的に出向いていって、手を差し伸べる取り込みのこと。

●アディクション

Addiction（嗜癖）。止めようと思いながらも止めることのできない習慣に耽ってしまうこと。アルコール依存、薬物依存、ニコチン、病的賭博、摂食障害、買い物依存、窃盗、放火、共依存、恋愛依存、セックス依存などがある。

●アドボカシー

⇒権利擁護

●アナムネ

Anamnese。アナムネーゼ（既往歴）の略。入院時、患者に病歴や家族、生活状況などを聞き取ることを「アナムネをとる」などという。

●一過性脳虚血発作

脳への血流が一時的に悪くなり、運動マヒ、感覚障害などが現れ、24時間以内、多くは数分以内に症状が消失する病態。脳梗塞の前ぶれであることが多い。TIAともいう。

●意識障害

知覚、思考、判断、記憶などといった精

神活動が障害された状態。その清明度によって軽度のものから順に、明識不能（困難）状態、傾眠、嗜眠、昏蒙、昏睡などに分けられる。

● 異食
壁・ゴミ・紙・便など食物でないものを食べる行為。認知症の行動障害症状として見られる症状の1つ。

● 院内感染
病院や施設で利用者や家族、医療従事者、医療器具などを通じて、ある感染症が他の患者（利用者）に感染すること。たとえば、MRSA、疥癬、C型肝炎など。

● インフォームドコンセント
医師が患者に対して、治療を開始する前に治療方法や意味、効果、危険性、その後の予想や費用などについて、わかりやすく説明し、患者から同意を得ること。

● 壊疽
組織が腐敗菌による感染を受けて腐敗し、黒変して悪臭を放つようになった状態。壊疽を起こすのは、肺、子宮、手足の指など、外界と連絡のあるものに限られる。

● エビデンス
証拠・根拠、証言、形跡などを意味する evidence に由来する外来の日本語。医療では治療法を選択する際の根拠を意味する。

● 嚥下
咀嚼した食物を口腔から胃まで運ぶ運動のこと。嚥下時に無意識に行われる動きを嚥下反射といい、この反射がうまくできずむせたり、喉に詰まらせたりする症状を嚥下障害という。

● 円背
脊椎が丸まるように湾曲した状態。猫背や亀背ともいう。

● 黄疸
胆汁色素（ビリルビン）が血液中に増加して、皮膚・粘膜に過剰に沈着し、皮膚や粘膜が黄色に染まる状態。眼球結膜（眼球の白い部分）の変化で判断する。肝臓や胆管の障害で起こることが多い。

● 悪心
胸がむかむかして、今にも嘔吐しそうな不快な感覚をいう。嘔吐に先行する症状であることが多い。

● オストメイト
がんや事故などで消化管や尿管が損なわれて腹部などに排泄のための開口部（ストーマ）を造設した人のこと。便や尿を溜めておく袋（パウチ）や腹部を洗浄する設備を備えたオストメイト対応トイレも増えている。

か

喀血（かっけつ）

気管や気管支、肺などの呼吸器系の器官からの出血のこと。咳などと一緒に起こり、鮮紅色で泡沫を含んでいる。同じように口や鼻を通る出血で食道や胃などの消化器官からの出血は吐血という。

下顎呼吸（かがくこきゅう）

呼吸のたびに顎で喘ぐような呼吸。死に至る時期に見られる努力性呼吸の一つ。

喀痰（かくたん）

痰を吐くこと、または吐いた痰のこと。

カテーテル

血管や尿管などに挿入し、検査や治療を行うための医療用の管。中は空洞で柔らかく、尿、血液、体液を対外に排出したり、薬剤を体内に入れるために用いられる。

カニューレ

体液の排出や薬液の注入などのために体内に挿入する管のこと。気管切開手術後に挿入して気道の確保，出血や分泌物の吸引などに用いる管を特に気管カニューレという。

カマ

酸化マグネシウムの略。緩下剤の1つ。習慣性が少なく、胃酸を中和する働きもある。多めの水で服用するのがポイント。

寛解（かんかい）

症状が一時的に軽くなったり、消えたりした状態。治癒とは異なる。社会復帰に重点をおく立場から「社会的治癒」という言葉も使用される。

感情失禁（かんじょうしっきん）

些細なことで大喜びしたり、激怒するなど、感情がコントロールできなくなっている状態。脳血管障害の後遺症などで見られる症状。

感染症（かんせんしょう）

大気、水、土壌、動物などに存在する病原性の微生物が、人の体内に侵入することで引き起こす疾患。風邪症候群、インフルエンザ、食中毒、水虫、結核など。

患側（かんそく）

患っている側のこと。脳卒中などでマヒがあるとき、マヒのある側を指す。マヒのない側は健側（けんそく）という。

緩和ケア（かんわ）

生命の維持よりも身体的・精神的苦痛をやわらげることを目的に行われるケアのこと。ホスピスケアともいう。

既往歴（きおうれき）

これまでにかかった病気の記録のことで、現在の病気の診断や治療法選択の重要な手がかりとなる。

● 起立性低血圧

体位変換時（特に臥位や座位から急に立ち上がったとき）に急激に血圧が下がってふらつきやめまいを起こすこと。

● グリーフケア

親しい人との死別を経験し、不安定な状態にある人に寄り添い、援助すること。

● 経管栄養

管を介して、栄養や水分を補給する方法のこと。経腸栄養法、経鼻栄養法、胃ろう、中心静脈栄養法などがある。

● 経口摂取

口から飲食物を食べること。

● 傾眠

意識障害（意識混濁）の程度の１つで、刺激があれば覚醒するが、すぐに意識が混濁する状態。傾眠症状が進むと嗜眠、昏眠、昏睡となる。

● 血糖値

血液中に含まれるブドウ糖の量。正常値は空腹時で70 〜 110mg /dl程度。高値が続くときには糖尿病が疑われる。

● 幻覚

その場にないものを実際にあるように知覚することをいう。幻聴、幻視など。

● 言語障害

大脳の言語中枢の損傷により、聞く・話す・読む・書くという言語能力が障害された状態。原因は、脳出血、脳梗塞などの脳血管障害や事故による頭部外傷など。言いたい言葉が言えない、言い間違いをする、言葉が理解できないなど、さまざまなタイプに分類される。

● 健側

マヒのない側。患側を参照のこと。

● 見当識障害

現在の自己、および自己のおかれている状況を理解する能力（見当識）が障害された状態のこと。認知症、高次脳機能障害などでみられ、時間の見当識障害、場所の見当識障害、人物の見当識障害などがある。

● 権利擁護

認知症などにより判断能力が低下している、または自らの権利や意向を主張することが困難な高齢者などに代わって、援助者が代弁して権利を擁護すること。

● 高次脳機能障害

脳の一部が損傷し、脳の認知機能に障害が起こった状態。記憶障害・失行・失認・失語・注意障害などの症状がみられる。

● 拘縮

関節の動きが制限された状態のこと。長期間、関節を動かさないでいると起こり、廃用症候群の１つである。

● 向精神薬
こうせいしんやく

精神に作用する薬の総称。催眠薬（睡眠薬）、抗精神病薬（強力精神安定薬）、抗不安薬（精神安定薬）、抗うつ薬など。

● 誤嚥
ごえん

本来は食道を通って胃の中に入らなければならないものが、誤って気管内に入ること。

さ

● 作話
さくわ

実際には体験していないことを体験したと話すこと。コルサコフ症候群でよくみられる症状。本人はだますつもりはなく、自分の情報が誤りであるとは気がついていないので、嘘とは区別される。

● サチュレーション

酸素飽和度。血液中に溶け込んでいる酸素の量で％で示される。通常は99％近い値だが、呼吸器官に異常があると、低下する。

● サマリー

本来は要約という意味の英語だが、医療では「退院時要約」を指す。入院時の症状と所見、退院までの経過・治療内容、最終診断名が記載されたもの。

● 失行
しっこう

高次機能障害の1つ。マヒなどの運動障害がなく、行うべき運動・動作を理解しているにもかかわらず、ふだん行っている動作がうまくできなくなること。肢節運動失行や、観念失行、着衣失行、歩行失行など。

● 失認
しつにん

高次機能障害の1つ。感覚器に異常はないのに、五感をとおしてまわりの状況を把握する機能が低下すること。病態失認や相貌失認、半側空間無視など。

● 宿便
しゅくべん

便秘で腸内に長く滞留している糞便のこと。滞留便ともいう。
たいりゅうべん

● 褥瘡
じょくそう

長期臥床することで皮膚への圧迫から血流障害を起こし、周辺組織が壊死した状態。仙骨部、踵など骨が突出している部分に起こりやすい。床ずれともいう。

● 人工肛門
じんこうこうもん

自分の腸や尿管を体外に出して造設する便や尿の出口のこと。ストーマともいう。手術の目的によって、永久的ストーマと一時的ストーマに分けることができる。

● 人工透析
じんこうとうせき

本来、尿として排出される水分や老廃物を人工的な血液浄化でコントロールする療法。腎不全などで腎機能が低下した場合に行われる。血液透析器を介する血液透析と腹膜を利用する腹膜透析がある。

● 振戦 <ruby>振<rt>しん</rt></ruby><ruby>戦<rt>せん</rt></ruby>

意思とは無関係に生じる律動的な細かいふるえのこと。安静にしているときに起こる振戦（安静時振戦）は、パーキンソン病で症状の1つである。

● スーパービジョン

スーパーバイザーがスーパーバイジーに援助指導を行うことにより、スーパーバイジー自らが解決能力を強化することを目的とする教育方法。

● スティグマ

汚名の烙印を押されること。認知症や生活保護などが差別や偏見の対象として扱われてしまうこと。

● ストーマ

⇒人工肛門

● ストレングス

要援助者の持っている強さ、強みのこと。たとえば意欲、能力、資質などを指す。援助者はそこに焦点をあてて導き出すことによって、要援助者自らが問題解決できるように支援する。

● セルフネグレクト

自己放任。介護や医療にかかることを拒否するなどにより、社会から孤立して日常生活や健康が著しく脅かされている状態に陥ること。認知症や精神疾患、アルコール関連などの問題があることが多い。

● 尖足 <ruby>尖<rt>せん</rt></ruby><ruby>足<rt>そく</rt></ruby>

足関節が足底へ屈曲したままで拘縮した状態。寝たきりになり、かけ布団の重みと圧迫で発生することが多い。踵を地面につけることができないので、歩行困難となる。

● 喘鳴 <ruby>喘<rt>ぜん</rt></ruby><ruby>鳴<rt>めい</rt></ruby>

狭い気管を通る空気によってつくられるゼーゼー、ヒューヒューという呼吸音のこと。気管支喘息や異物、腫瘍などで見られる症状。

● せん妄 <ruby>妄<rt>もう</rt></ruby>

意識障害の1つ。錯覚や幻覚を伴い、異常な行動や言動、興奮などがみられる状態。アルコールや薬物の禁断症状、認知症などで多発する。夜間に限って症状があらわれるときは「夜間せん妄」と呼ぶ。

● 掻痒感 <ruby>掻<rt>そう</rt></ruby><ruby>痒<rt>よう</rt></ruby><ruby>感<rt>かん</rt></ruby>

かゆみのこと。虫刺され、薬疹などで生ずる他、糖尿病、腎不全などでも生じる。

● 咀嚼 <ruby>咀<rt>そ</rt></ruby><ruby>嚼<rt>しゃく</rt></ruby>

噛み砕くこと。

● ソフト食

舌で押しつぶせる程度で喉にスムーズに運ばれるよう工夫された食事のこと。刻み食とペースト食の中間に位置する。

● 体位交換
<ruby>体位交換<rt>たいいこうかん</rt></ruby>

自力で寝返りができない人の身体の位置を褥瘡予防のために定期的に変えること。体交ともいう。

● チアノーゼ

血液中の酸素濃度が低下して、皮膚や爪、粘膜が青紫色になった状態。原因は呼吸器・循環器の疾患、静脈血の動脈血への流入、ヘモグロビンの異常など。

● 地域ケア会議

地域包括支援センターなどが主催する会議体。多職種が協働して個別ケースの支援の検討を積み重ねることにより地域に共通した課題を明確化して、地域課題の解決に必要な資源開発、地域づくり、政策形成につなげていくことを目的とする。

● 地域共生社会

制度・分野ごとの縦割りや支え手・受け手という関係を超えて、地域住民が主体となって地域をともに創っていく社会。

● 低血糖
<ruby>低血糖<rt>ていけっとう</rt></ruby>

70mg/dl以上に維持されている血糖値が下がった状態。あくび、悪心、倦怠感、記憶力減退、冷や汗、動悸、ふるえ、顔面蒼白、けいれん、昏睡などの症状が現れ、死に至ることもある。最も多い原因は糖尿病の薬物療法に伴うもので、インスリンが過剰な状態になったときに発現する。

● 適応障害

ある特定の状況や出来事がつらく感じられ、涙もろくなったり、絶望、不安など、気分や行動面に症状が現れるストレス障害の一型。ストレスの原因から離れることで症状は改善する。

● 摘便

肛門から指を入れ、便を摘出する医療行為。直腸内に便がたまり、自然排便できないときに行う。

● 導尿

尿道口にカテーテルを挿入して、膀胱にたまった尿を体外へ導くこと。前立腺肥大症、尿道狭窄などによる尿閉、薬剤注入や検査の際に行われる。

● 頓服

発熱や痛み、吐き気などがひどいときに、その症状を一時的に抑えるために処方される薬のこと。

● 尿閉

膀胱に尿が溜まっているのに排泄できない状態。膀胱や尿道の神経の障害、尿路結石や前立腺肥大のため尿道が狭くなった場合にみられる。

● ネブライザー

気道内の加湿や薬液投与のための吸入療法に用いられる器具。

● 熱中症

高温下での運動や労働で発汗機構や循環系に異常をきたして起こる障害の総称。体温上昇、発汗停止、けいれん、昏睡などを起こし、生命の危険を伴うこともある。脱水傾向にある高齢者が室内で発症することも多い。

は

● 徘徊

ウロウロと歩き回ることで、認知症高齢者に見られる行動障害の1つ。意味のない行動のように見えるが、本人には理由があることが多い。

● バイタルサイン

生命に危険が迫っているのかどうかを判断する指標。意識・血圧・脈拍・呼吸・体温の5つを指す。

● 廃用症候群

安静状態が長期に続くことで起こる心身のさまざまな二次的な合併症。筋力低下、拘縮、体力低下、起立性低血圧、沈下性肺炎など。生活不活発病ともいう。

● 長谷川式認知症スケール

長谷川和夫によって作成された簡易知能検査で認知症の評価法の1つ。言語によ

る検査なので、失語症や難聴がある場合は不向き。ただし、点数と生活のしづらさは必ずしも一致しない。

● パターナリズム

父権主義。強い立場にある者が弱い立場にある者の意向を聞かずに意思決定してしまうこと。親が子どものためによかれと思って勝手に決めてしまうことから来ている。

● バルーンカテーテル

先端が風船状になったカテーテル。

● 鼻腔栄養

鼻からチューブを胃に挿入して、そのチューブから直接栄養を供給する方法。経管栄養の1つ。

● 病識

自分が病気であるという自覚のこと。統合失調症や認知症の人では欠如していることが多い。

● 不穏

精神状態が不安定で興奮したり、暴力をふるったりしやすい状態。環境の変化に対する不適応やストレスによって生じることが多いが、統合失調症、アルコール性障害などの精神疾患が関与している場合もある。

● 不整脈

脈のリズムが乱れること。脈が速くなる

頻脈、遅くなる徐脈、脈が飛ぶ期外収縮に分類できるが、健康な人も不眠や過労が続くと出現することがある。

● 浮腫（ふしゅ）

むくみのこと。皮膚の下に水分がたまった状態で、顔や手足の末端に現れやすい。心臓や腎臓など内臓疾患のシグナルであることもある。

● プライマリーケア

科目にとらわれず、診察・相談ができる身近なホームドクターによる総合的医療のこと。携わる医師は、専門診療科別の専門医と区別して、総合診療医（ジェネラリスト）と呼ばれる。

● フレイル

虚弱。加齢により、心と体が弱くなってきた状態。健常な状態と要介護状態の中間に位置する。フレイル予防することで要介護状態になることを防ぐことができる。

● ヘルニア

体内の臓器や組織が、本来あるべき部位から脱出した状態をいう。鼠径ヘルニア（脱腸）、臍ヘルニア（でべそ）、椎間板ヘルニアなどがある。

● ベンチレーター

人工呼吸器のこと。小型化され、装着して外出もできるものもある。

ま

● ムンテラ

医師が患者や家族に対して、病状や治療の内容、今後の見通しなどを説明すること。

や

● 与薬（よやく）

病気や症状に合わせて薬を与えること。

● 予後（よご）

病気が将来的にどのような経過をたどるかを予測すること。

ら

● ラポール

元来は、セラピストとクライエントの信頼関係を指す言葉であったが、最近はコミュニケーションの土台である「相互に信頼している状態」など、広い意味で使われることが多い。

● リビングウィル(living will)

終末期の医療やケアについて自分の意思を元気なうちに記しておく書類のこと。

● 流涎（りゅうぜん）

よだれを流すこと。

● 弄便（ろうべん）

大便を手でいじったり、壁や床にこすりつける行為のこと。認知症の人の周辺症状の1つ。

出来事・流行語・流行歌一覧

年	出来事	流行語・流行歌
1926年 (昭和元年)	●日本放送協会（NHK）設立 ●12月25日大正天皇崩御・昭和と改元	♪酋長の娘（富田屋喜久治） ♪この道（北原白秋作詞）
1927年 (昭和2年)	●昭和恐慌始まる（多数の銀行で取付け） ●初の地下鉄開通（上野・浅草間）	●モガ・モボ出現 ♪ちゃっきり節（市丸）／道頓堀行進曲（内海一郎）
1928年 (昭和3年)	●初の普通選挙 ●特別高等警察（特高）設置 ●満州某重大事件（張作霖爆殺事件） ●パリ不戦条約調印	●ラヂヲ（ラジオ）体操 ♪宵待草／出船（藤原義江） ♪波浮の港（佐藤千夜子）
1929年 (昭和4年)	●ニューヨークで株価大暴落（世界恐慌の発端） ●日本プロレタリア作家同盟結成 ●失業者増大（大学は出たけれど） ●ドイツの飛行船ツェッペリン号来訪	●いっそ小田急で逃げましょか／大学は出たけれど ♪東京行進曲（佐藤千夜子）／君恋し（二村定一） ♪鞠と殿さま（西条八十作詞・中山晋平作曲）
1930年 (昭和5年)	●金解禁実施 ●ロンドン軍縮会議（ロンドン海軍軍縮条約） ●濱口雄幸首相狙撃事件	●ルンペン／エロ・グロ・ナンセンス／銀ブラ ♪麗人の唄（河原喜久恵） ♪すみれの花咲く頃（天津乙女（宝塚歌劇））
1931年 (昭和6年)	●満州事変勃発（柳条湖事件） ●日本初の本格トーキー映画「マダムと女房」 ●北海道・東北地方大凶作・飢饉 ●清水トンネル（当時世界最長）開通	●いやじゃありません／非常時 ♪酒は涙か溜息か（藤山一郎） ♪侍ニッポン（徳山璉） ♪女給の唄（羽衣歌子）
1932年 (昭和7年)	●ジュネーブ軍縮会議 ●満州国創立（中国） ●上海事変・肉弾三勇士 ●日本橋白木屋火災	●話せばわかる。問答無用／自力更生／挙国一致 ♪影を慕いて（藤山一郎） ♪島の娘（小唄勝太郎） ♪銀座の柳（四家文子）
1933年 (昭和8年)	●五・一五事件 ●ヒトラー・ナチス党党首首相に（ドイツ） ●国際連盟脱退 ●小林多喜二拷問・虐殺	●転向／男装の麗人 ♪東京音頭（小唄勝太郎・三島一声） ♪サーカスの歌（松平晃）
1934年 (昭和9年)	●帝人事件（大疑獄事件） ●ワシントン条約・ロンドン条約破棄 ●函館大火	●パーマネント／欠食児童／忠犬ハチ公 ♪赤城の子守唄（東海林太郎） ♪ダイナ（ディック・ミネ）
1935年 (昭和10年)	●天皇機関説（美濃部達吉） ●国体明徴運動 ●テレビ送受信機完成，公開実験 ●ロンドン海軍軍縮会議	●人民戦線 ♪二人は若い（ディック・ミネ） ♪明治一代女（新橋喜代三） ♪小さな喫茶店（野中忠晴）

年	出来事	流行語・流行歌
1936年 (昭和11年)	◆ロンドン軍縮会議脱退 ◆二・二六事件 ◆日独防共協定締結 ◆阿部定事件 ◆日本職業野球連盟結成・初のプロ野球試合	●今からでも遅くない／国民歌謡／準戦時体制 ♪忘れちゃいやよ(渡辺はま子) ♪ああそれなのに(美ち奴) ♪うちの女房には髭がある(杉狂児・美ち奴) ♪東京ラプソディー(藤山一郎)
1937年 (昭和12年)	◆近衛挙国一致内閣 ◆盧溝橋事件(支那事変)勃発 ◆第二次上海事変	●持てる国と持たざる国 ♪人生の並木道(ディック・ミネ) ♪別れのブルース(淡谷のり子)
1938年 (昭和13年)	◆近衛声明「国民政府を相手とせず」 ◆国家総動員法公布	●大陸の花嫁／買いだめ ♪旅の夜風(霧島昇・ミスコロンビア) ♪麦と兵隊(東海林太郎)
1939年 (昭和14年)	◆英仏、ドイツに宣戦(第二次世界大戦勃発) ◆朝鮮総督府、いわゆる「創氏改名」実施	●総親和／禁制品／日の丸弁当／贅沢はできない ♪九段の母(塩まさる) ♪一杯のコーヒーから(霧島昇・ミスコロンビア)
1940年 (昭和15年)	◆新体制運動(一国一党体制＝大政翼賛会へ) ◆日独伊三国同盟 ◆紀元二千六百年	●八紘一宇／バスに乗り遅れるな／一億一心／ぜいたくは敵だ ♪誰か故郷を想わざる(霧島昇) ♪蘇州夜曲(霧島昇・渡辺はま子) ♪湖畔の宿(高峰三枝子)
1941年 (昭和16年)	◆東条内閣成立 ◆ゾルゲ事件 ◆真珠湾攻撃(太平洋戦争)	●ABCD包囲網／月月火水木金金 ♪暁に祈る(伊藤久男) ♪森の水車(高峰秀子)
1942年 (昭和17年)	◆大日本翼賛壮年団・翼賛体制協議会・翼賛選挙 ◆ガダルカナル島撤退 ◆食料配給制	●欲しがりません勝つまでは ♪明日はお立ちか(小唄勝太郎) ♪鈴懸の径／新雪(灰田勝彦)
1943年 (昭和18年)	◆イタリア無条件降伏 ◆第一回学徒出陣	●転進／撃ちてし止まむ ♪若鷲の歌(霧島昇・波平暁男) ♪加藤隼戦闘隊(灰田勝彦)
1944年 (昭和19年)	◆大都市に疎開命令 ◆B29東京を爆撃	●鬼畜米英 ♪同期の桜(伊藤久男)
1945年 (昭和20年)	◆東京大空襲 ◆ポツダム宣言(対日降伏宣言) ◆広島・長崎に原爆投下 ◆無条件降伏 ◆第1回宝くじ	●一億総懺悔／ピカドン／四等国／銀しゃり ♪愛国行進曲 ♪お山の杉の子(安西愛子) ♪りんごの唄(霧島昇・並木路子)
1946年 (昭和21年)	◆GHQ、財閥解体を指令 ◆新選挙法による総選挙、女性候補39人が当選 ◆金融緊急措置令(新円切り替え) ◆農地改革 ◆樺太(サハリン)シベリア引き揚げ	●カストリ／鉄のカーテン／パンパン／タケノコ生活 ●オフ・リミット ♪かえり船(田端義夫) ♪東京の花売り娘(岡晴夫) ♪みかんの花咲く丘(川田正子)

年	出来事	流行語・流行歌
1947年 (昭和22年)	◆学校給食スタート ◆第1回参議院議員選挙 ◆学制改革(6334制) ◆日本国憲法施行	●斜陽族／集団見合い／63制／尋ね人 ♪啼くな小鳩よ(岡晴夫) ♪星の流れに(菊池章子) ♪山小屋の灯(近江敏郎)
1948年 (昭和23年)	◆帝銀事件 ◆学制改革(新制高校スタート) ◆東京裁判結審(東条元首相ら7人に死刑)	●ノルマ／冷たい戦争／主婦連／老いらくの恋 ♪憧れのハワイ航路(岡晴夫) ♪長崎のザボン売り(小畑実)
1949年 (昭和24年)	◆下山事件、三鷹事件、松川事件 ◆国鉄人員整理(1〜3次10万人) ◆為替レート1ドル360円	●アジャパー／つるしあげ／自転車操業／駅弁大学 ♪青い山脈(藤山一郎) ♪悲しき口笛(美空ひばり) ♪長崎の鐘(藤山一郎)
1950年 (昭和25年)	◆朝鮮戦争勃発 ◆湯川秀樹、ノーベル賞受賞 ◆金閣寺炎上 ◆警察予備隊(後の自衛隊)設置	●レッドパージ／アルバイトサロン／とんでもハップン ♪白い花が咲く頃(岡本敦郎) ♪熊祭(イヨマンテ)の夜(伊藤久男) ♪東京キッド(美空ひばり)
1951年 (昭和26年)	◆初のプロレス試合(力道山対ブラウンズ) ◆IOC復帰、ユネスコ加盟 ◆サンフランシスコ講和会議 ◆「羅生門」ベニス映画祭でグランプリ	●社用族／BG／パチンコ／ノーコメント ♪ミネソタの卵売り(暁テル子) ♪アルプスの牧場(灰田勝彦) ♪上海帰りのリル(津村謙)
1952年 (昭和27年)	◆日航機もく星号三原山墜落 ◆血のメーデー ◆黄変米が問題化 ◆NHKラジオドラマ「君の名は」	●ヤンキー・ゴー・ホーム／エッチ／恐妻家／火炎瓶 ♪ゲイシャ・ワルツ(神楽坂はん子) ♪赤いランプの終列車(春日八郎) ♪テネシー・ワルツ(江利チエミ)
1953年 (昭和28年)	◆テレビ本放送開始(NHK) ◆「ばかやろう解散」 ◆破壊活動防止法公布 ◆中国からの"引き揚げ"開始 ◆伊東絹子ミスユニバース3位に(八頭身)	●オコンバンワ・さいざんす／八頭身／クルクルパー ♪君の名は(織井茂子) ♪街のサンドイッチマン(鶴田浩二) ♪雪の降る街を(高英男)
1954年 (昭和29年)	◆第五福竜丸ビキニ環礁で被曝 ◆奄美群島復帰 ◆青函連絡船「洞爺丸」沈没 ◆映画「ゴジラ」封切り、怪獣ものブームに	●ロマンス・グレー／死の灰／戦力なき軍隊 ♪岸壁の母(菊池章子) ♪高原列車は行く(岡本敦郎) ♪お富さん(春日八郎)
1955年 (昭和30年)	◆ジェットコースター登場(後楽園遊園地) ◆宇高連絡線「紫雲丸」沈没 ◆トランジスタラジオ、電気釜発売 ◆森永ヒ素ミルク事件	●太陽族／慎太郎刈り／ノイローゼ ♪この世の花(島倉千代子) ♪ガード下の靴みがき(宮城まり子) ♪別れの一本杉(春日八郎)

年	出来事	流行語・流行歌
1956年 (昭和31年)	●石原慎太郎「太陽の季節」が芥川賞受賞 ●公団住宅入居者募集 ●売春防止法公布 ●経済白書「もはや戦後ではない」 ●水俣病発見	●理由なき反抗／一億総白痴時代／三種の神器／ケ・セラ・セラ ♪若いお巡りさん(曽根史郎) ♪ここに幸あり(大津美子) ♪ケ・セラ・セラ(ペギー葉山) ♪リンゴ村から(三橋美智也)
1957年 (昭和32年)	●国連加盟 ●ハンガリー事件 ●コカコーラ日本販売 ●ソ連、人工衛星「スプートニク」打ち上げ成功 ●国産ロケット第1号	●よろめき／なんと申しましょうか／パートタイム ♪東京だよおっ母さん(島倉千代子) ♪バナナ・ボート(浜村美智子) ♪有楽町で逢いましょう(フランク永井) ♪俺は待ってるぜ(石原裕次郎)
1958年 (昭和33年)	●ジラード事件(米兵による農婦射殺事件) ●国連安保委非常任理事国に ●東京タワー完成	●イカす／神様、仏様、稲尾様／団地族／しびれる ♪ダイアナ(平尾昌章) ♪だからいったじゃないの(松山恵子) ♪無法松の一生(村田英雄)
1959年 (昭和34年)	●皇太子(現天皇)成婚 ●メートル法施行 ●南極観測隊タロ、ジロの無事確認 ●在日朝鮮人帰還 ●「少年マガジン」「少年サンデー」創刊	●ながら族／がめつい／カミナリ族／消費は美徳／岩戸景気 ♪南国土佐を後にして(ペギー葉山) ♪黒い花びら(水原弘) ♪黄色いサクランボ(スリー・キャッツ)
1960年 (昭和35年)	●三池争議 ●新安保条約調印・国会強行採決。安保闘争 ●浅沼稲次郎社会党委員長刺殺事件 ●カラーテレビ本放送開始	●ヌーベルバーグ／所得倍増／家つき・カーつき・ババア抜き ♪潮来笠(橋幸夫) ♪有難や節(守屋浩) ♪ズンドコ節(小林旭)
1961年 (昭和36年)	●クレジットカード登場 ●小児マヒ流行 ●政治活動防止法反対闘争 ●大阪釜ヶ崎暴動	●不快指数／わかっちゃいるけどやめられない／巨人・大鵬・卵焼き ♪おひまなら来てね(五月みどり) ♪上を向いて歩こう(坂本九) ♪スーダラ節(植木等)
1962年 (昭和37年)	●サリドマイド薬害 ●三河島列車事故 ●堀江謙一ヨットで単独太平洋横断 ●国産飛行機YS-11開発	●青田刈り／ハイそれまでよ／スモッグ／無責任 ♪可愛いベイビー(中尾ミエ) ♪下町の太陽(倍賞千恵子) ♪いつでも夢を(橋幸夫・吉永小百合)
1963年 (昭和38年)	●日中貿易覚書調印 ●吉展ちゃん誘拐事件 ●初の横断歩道橋(大阪駅前)	●わたしはカモメ／ガチョーン／三チャン農業／バカンス ♪ヴァケーション(弘田三枝子) ♪高校三年生(舟木一夫) ♪東京五輪音頭(三波春夫)

年	出来事	流行語・流行歌
1964年 (昭和39年)	◆日米間テレビ宇宙中継(ケネディ暗殺ニュース受信) ◆東海道新幹線開通 ◆東京オリンピック ◆モノレール開通(浜松町・羽田空港間)	●俺についてこい／鍵っ子／オフィス・レディ・ＯＬ／金の卵 ♪幸せなら手をたたこう(坂本九) ♪柔(美空ひばり) ♪愛と死を見つめて(青山和子) ♪アンコ椿は恋の花(都はるみ)
1965年 (昭和40年)	◆プロ野球ドラフト制スタート ◆日韓条約調印 ◆イリオモテヤマネコ発見	●赤ひげ／アイビールック／ピンク映画／しごき ♪まつの木小唄(二宮ゆき子) ♪網走番外地(高倉健) ♪君といつまでも(加山雄三)
1966年 (昭和41年)	◆日本の総人口1億人突破 ◆全日空機羽田沖墜落／全日空 YS11機松山空港沖墜落 ◆ビートルズ武道館公演	●シェー／いざなぎ景気／ボカァしあわせだなぁー／黒い霧 ♪函館の女(北島三郎) ♪バラが咲いた(マイク真木) ♪星影のワルツ(千昌夫)
1967年 (昭和42年)	◆富山県イタイイタイ病 ◆東京都電廃止。各都市の路面電車廃止続く ◆公害対策基本法制定 ◆深夜放送「オールナイトニッポン」 ◆四日市ぜんそく公害訴訟	●大きいことはいいことだ／ハプニング／フーテン／核家族 ♪小指の思い出(伊東ゆかり) ♪ブルー・シャトー(ブルー・コメッツ) ♪ラブユー東京(ロス・プリモス)
1968年 (昭和43年)	◆リカちゃん人形登場 ◆小笠原諸島復帰 ◆東大闘争・日大闘争等大学闘争 ◆九州大学に米軍機墜落 ◆川端康成ノーベル文学賞 ◆カネミ油症事件	●昭和元禄／ハレンチ／五月病／サイケ／失神 ♪好きになった人(都はるみ) ♪ブルー・ライト・ヨコハマ(いしだあゆみ) ♪恋の季節(ピンキーとキラーズ) ♪三百六十五歩のマーチ(水前寺清子)
1969年 (昭和44年)	◆3億円事件 ◆東大安田講堂占拠(東大闘争) ◆国民総生産(GNP)世界2位 ◆新宿駅西口広場フォーク集会(ベ平連)	●エコノミックアニマル／断絶／パンタロン／ニャロメ ♪長崎は今日も雨だった(クール・ファイブ) ♪時には母のない子のように(カルメン・マキ) ♪黒猫のタンゴ(皆川おさむ)
1970年 (昭和45年)	◆大阪万国博開催 ◆初の国産人工衛星おおすみ打ち上げ ◆日航機よど号ハイジャック事件 ◆三島由紀夫割腹自殺 ◆東京銀座等で歩行者天国	●ウーマンリブ／光化学スモッグ／男は黙って／三無主義 ♪男はつらいよ(渥美清) ♪圭子の夢は夜ひらく(藤圭子) ♪希望(岸洋子)
1971年 (昭和46年)	◆沖縄返還協定調印 ◆ネズミ講事件摘発 ◆大久保清事件(連続女性暴行殺害) ◆対ドル為替レート変動相場制へ	●アンノン族／フィーリング／脱サラ／がんばらなくっちゃ ♪知床旅情(加藤登紀子) ♪おふくろさん(森進一) ♪戦争を知らない子供たち(ジローズ)

年	出来事	流行語・流行歌
1972年 (昭和47年)	●札幌オリンピック ●元日本兵・横田庄一氏発見・救出 ●田中角栄「日本列島改造論」 ●浅間山荘事件・連合赤軍事件 ●「オセロ」ゲーム発売	●ヘンシーン／列島改造／ごみ戦争／お客様は神様です ♪瀬戸の花嫁(小柳ルミ子) ♪結婚しようよ(吉田拓郎) ♪せんせい(森昌子)
1973年 (昭和48年)	●中国からパンダが来る ●国労・動労順法闘争・交通ゼネスト ●振り替え休日制(祝日法改正) ●金大中事件 ●オイルショック	●日本沈没／しらけ／お茶する ♪学生街の喫茶店(ガロ) ♪神田川(南こうせつとかぐや姫) ♪てんとう虫のサンバ(チェリッシュ)
1974年 (昭和49年)	●トイレットペーパー・パニック ●台風で多摩川決壊 ●春闘史上最大のゼネスト ●セブン - イレブン1号店開店(コンビニ) ●長嶋茂雄引退	●超能力／ベルバラ／死刑！／ゼロ成長 ♪二人でお酒を(梓みちよ) ♪くちなしの花(渡哲也) ♪ひと夏の体験(山口百恵) ♪私は泣いています(りりィ)
1975年 (昭和50年)	●立花隆「田中角栄研究」 ●沖縄海洋博覧会開催 ●日本赤軍クアラルンプール事件	●クリーン／複合汚染／おちこぼれ／赤ヘル軍団 ♪シクラメンのかほり(布施明) ♪昭和枯れすすき(さくらと一郎) ♪心のこり(細川たかし) ♪昔の名前で出ています(小林旭)
1976年 (昭和51年)	●ビデオカセット登場 ●ロッキード事件(田中角栄他逮捕) ●日本初の五つ子誕生(鹿児島) ●戦後生まれ総人口の半数超える ●自治体汚職頻発	●記憶にございません／灰色高官／ニューファミリー／中流 ♪およげ！たいやきくん(子門真人) ♪北の宿から(都はるみ) ♪嫁に来ないか(新沼謙治) ♪春一番(キャンディーズ)
1977年 (昭和52年)	●ローティーンの自殺頻発 ●青酸入りコーラ事件／毒入りチョコレート事件 ●キャンディーズ引退 ●貞治選手ホームラン世界記録	●知的生活／ルーツ／窓際族／円高不況 ♪青春時代(森田公一とトップギャラン) ♪津軽海峡冬景色(石川さゆり) ♪北国の春(千昌夫) ♪秋桜(山口百恵)
1978年 (昭和53年)	●日中平和友好条約締結 ●初の国産発電用原子炉「ふげん」臨界 ●新東京国際空港(成田)開港 ●暴力団山口組抗争	●不確実性の時代／嫌煙権／サラ金地獄／ダサイ ♪青葉城恋歌(さとう宗幸) ♪UFO(ピンクレディ) ♪与作(北島三郎)
1979年 (昭和54年)	●青木功ゴルフ世界マッチプレー選手権優勝 ●大学入試共通一次試験スタート ●航空機疑惑(ダグラス・グラマン社)事件 ●NEC、パソコン「PC-8001」を発表 ●ソニー「ウォークマン」発売	●ウサギ小屋／シカト／熟年／足切り ♪夢追い酒(渥美二郎) ♪いい日旅立ち(山口百恵) ♪舟歌(八代亜紀) ♪おもいで酒(小林幸子)

年	出来事	流行語・流行歌
1980年 (昭和55年)	◆日本坂トンネル事故(東名高速) ◆新宿バス放火事件 ◆モスクワオリンピック不参加を決定	●とらばーゆ／校内暴力／第三の波 ♪昴(谷村新司) ♪ふたり酒(川中美幸)
1981年 (昭和56年)	◆王貞治現役引退 ◆中国残留孤児、初の正式来日(帰国) ◆北炭夕張新鉱ガス爆発 ◆死因のトップが脳卒中からガンに	●えぐい／クリスタル族／談合／ぶりっ子 ♪ルビーの指環(寺尾聡) ♪みちのくひとり旅(山本譲二) ♪恋人よ(五輪真弓)
1982年 (昭和57年)	◆写真週刊誌「FOCUS」創刊 ◆ホテル・ニュージャパン火災 ◆東北新幹線・上越新幹線開業	●フルムーン／ルンルン／心身症／森林浴 ♪北酒場(細川たかし) ♪赤いスイトピー(松田聖子)
1983年 (昭和58年)	◆ホームレス襲撃事件 ◆青函トンネル貫通 ◆任天堂ファミリーコンピュータ発売 ◆大韓航空機事件	●気配り／おしん／勝手連 ♪さざんかの宿(大川栄策) ♪矢切の渡し(細川たかし) ♪3年目の浮気(ヒロシ&キーボー)
1984年 (昭和59年)	◆東京ディズニーランド開園 ◆グリコ・森永事件 ◆エリマキトカゲ初公開	●財テク／一気飲み／くれない族 ♪釜山港へ帰れ(渥美二郎) ♪涙のリクエスト(チェッカーズ)
1985年 (昭和60年)	◆ロス疑惑事件(三浦事件) ◆科学万博つくば博 ◆電電公社、専売公社民営化 ◆日航ジャンボ機御巣鷹山に墜落	●実年／ウザッタイ／家庭内離婚／新 人類／ハナ金 ♪天城越え(石川さゆり) ♪浪花節だよ人生は(細川たかし)
1986年 (昭和61年)	◆全国の小中学校で「いじめ」続発 ◆男女雇用機会均等法施行 ◆東京サミット開催 ◆三原山(伊豆大島)大噴火	●亭主元気で留守がいい／やるっきゃな い／円高差益／テレクラ ♪熱き心に(小林旭) ♪時の流れに身をまかせ(テレサ・テン)
1987年 (昭和62年)	◆英皇太子夫妻来日(ダイアナ・フィーバー) ◆国鉄民営化(JR発足) ◆日本人の平均寿命、世界最高水準に	●マルサ／世紀末／オタク族／霊感商法 ♪人生いろいろ(島倉千代子) ♪あばれ太鼓(坂本冬美)
1988年 (昭和63年)	◆消費税成立 ◆リクルート疑惑事件 ◆青函トンネル開業、青函連絡船廃止 ◆瀬戸大橋開通	●オバタリアン／ハナモク／濡れ落ち葉 ♪酒よ(吉幾三) ♪みだれ髪(美空ひばり) ♪乾杯(長渕剛)
1989年 (昭和64年)	◆天皇崩御 ◆新元号「平成」に ◆消費税スタート	●ペレストロイカ／けじめ／マスオさん ♪川の流れのように(美空ひばり) ♪あした(中島みゆき)

索 引

【参考文献】
『完全図解　介護のしくみ』三好春樹・東田勉／講談社
『完全図解　新しい介護』大田仁史・三好春樹・東田勉／講談社
『給付管理もできる！　新人ケアマネ即戦力化マニュアル』本間清文／日総研出版
『ケアマネジャーのための医療知識とくすり』東郷清児・あさくらよしこ／ナツメ社
『高齢者施設　お金・選び方・入居の流れがわかる本』太田差惠子／翔泳社
『新人ケアマネジャーの現場サポートブック』鈴木四季／ナツメ社
『早引き　介護の拘縮ケアハンドブック』松本健史・加藤慶／ナツメ社
『早引き　介護のための薬の事典』苅原実／ナツメ社
『U-CANのケアマネ実務サポートBOOK』田尻久美子・宇田和夫／ユーキャン学び出版
『実用介護事典　改訂新版』大田仁史・三好春樹／講談社
『六訂　社会福祉用語辞典』中央法規出版編集部／中央法規出版

【編著者プロフィール】

中島圭一（なかしま・けいいち）

介護福祉士、社会福祉士、主任介護支援専門員

1974年京都府生まれ、埼玉県川口市在住。東京造形大学中退、セツ・モードセミナー卒業、日本福祉大学卒業。特養ホームの介護職員を経て、埼玉県にて在宅のケアマネジャーとして従事、さいたま地域ケア研究会を主宰する。現在は、東京都内の地域包括支援センターに勤務。

【写真提供】（五十音順）

アステラス製薬株式会社／アボットジャパン株式会社／エーザイ株式会社／ＭＳＤ株式会社／株式会社ツムラ／サノフィ株式会社／シオノギ製薬株式会社／第一三共ヘルスケア株式会社／大日本住友製薬株式会社／田辺三菱製薬株式会社／中外製薬株式会社／帝人ファーマ株式会社／日医工株式会社／ノバルティスファーマ株式会社／ファイザー株式会社／マルホ株式会社／持田製薬株式会社／ヤンセンファーマ株式会社

- Special thanks　本間清文
- 執筆協力　柳本文貴、高野清美（NPO法人グレースケア）／藤澤節子（ルンルンファーマシー代表・薬剤師）
- 本文イラスト　いたばしともこ
- デザイン　Malpu Design（宮崎萌美）
- 本文DTP・編集協力　有限会社七七舎
- 編集担当　ナツメ出版企画株式会社（齋藤友里）

■本書に関するお問い合わせは、書名・発行日・該当ページを明記の上、下記のいずれかの方法にてお送りください。電話でのお問い合わせはお受けしておりません。
・ナツメ社webサイトの問い合わせフォーム　https://www.natsume.co.jp/contact
・FAX（03-3291-1305）
・郵送（下記、ナツメ出版企画株式会社宛て）
なお、回答までに日にちをいただく場合があります。正誤のお問い合わせ以外の書籍内容に関する解説・個別の相談は行っておりません。あらかじめご了承ください。

ナツメ社Webサイト
https://www.natsume.co.jp
書籍の最新情報（正誤情報を含む）は
ナツメ社Webサイトをご覧ください。

現場で役立つ！ケアマネ業務ハンドブック 第3版

2017年　6月8日　　第1版第1刷発行
2021年　10月1日　　第2版第1刷発行
2024年　12月3日　　第3版第1刷発行

編　著　者	中島圭一（なかしまけいいち）	©Nakashima Keiichi , 2017 , 2021 , 2024
発　行　者	田村正隆	

発　行　所　　株式会社ナツメ社
　　　　　　　東京都千代田区神田神保町1-52　ナツメ社ビル1F（〒101-0051）
　　　　　　　電話　03-3291-1257（代表）　FAX　03-3291-5761
　　　　　　　振替　00130-1-58661

制　　　作　　ナツメ出版企画株式会社
　　　　　　　東京都千代田区神田神保町1-52　ナツメ社ビル3F（〒101-0051）
　　　　　　　電話　03-3295-3921（代表）

印　刷　所　　ラン印刷社

ISBN978-4-8163-7634-4　　　　　　　　　　　　　　　Printed in Japan